微观记录
1840—1949

郭岭松 编著

中国华侨出版社

图书在版编目(CIP)数据

微观记录：1840—1949 / 郭岭松编著.—北京：中国华侨出版社,2013.8 （2021.4重印）

ISBN 978-7-5113-3981-2

Ⅰ.①微… Ⅱ.①郭… Ⅲ.①中国历史–史料–1840~1949 Ⅳ.①K250.6

中国版本图书馆 CIP 数据核字(2013)第199962 号

微观记录：1840—1949

编　　著 / 郭岭松
出 版 人 / 方　鸣
责任编辑 / 高文喆
责任校对 / 孙　丽
经　　销 / 新华书店
开　　本 / 870 毫米×1280 毫米　1/32　印张/8　字数/140 千字
印　　刷 / 三河市嵩川印刷有限公司
版　　次 / 2013年10月第1版　2021年4月第2次印刷
书　　号 / ISBN 978-7-5113-3981-2
定　　价 / 38.00 元

中国华侨出版社　北京市朝阳区静安里 26 号通成达大厦 3 层　邮编：100028
法律顾问：陈鹰律师事务所
编辑部：(010)64443056　　64443979
发行部：(010)64443051　　传真：(010)64439708
网址：www.oveaschin.com
E-mail:oveaschin@sina.com

前　言

有人说:历史是任人打扮的小姑娘。

有人说:历史是由胜利者书写的。

读懂这两个命题,对于了解和把握历史有着特殊的意义。中国历史如此,世界历史亦然。

左宗棠曾和欧阳兆熊同舟夜航。次日一早,欧阳发现舱中书桌上摊着左宗棠未写完的一封家信,其中写道:昨晚夜遇水盗,我手持长剑力战群盗将其击退,可惜不识水性,无法追击,甚为遗憾云云。夜里发生这么大的事情,自己竟一无所知,欧阳急忙向左询问详细情形。左坦言:信中所写乃自己一梦而已。昨晚临睡前,左在读《后汉书·光武纪》,看到光武帝刘秀在昆阳之战中以3000人击败王莽军百万之众。一觉醒来,便想光武帝可能也是在做梦吧。于是便把自己梦中情景,当做真事写进家信了。可见一部廿二史不知有多少是左老三舟中夜斗水盗的故事。欧阳兆熊听罢，瞠目不能言。

　　走笔至此，笔者绝无宣扬历史虚无主义之意。如果非要做个比喻的话，我认为和历史最贴近最相似的是万物之灵——人。要想全面、透彻、客观的了解一个人，没有长时间深入的接触，是绝难做到的。对历史的认知更是如此。学历史的人讲究当代不修史、孤证不足信，也是这个道理。

　　近代中国经历了"三千年未有之变局"，这一段充满了屈辱、变革、无奈、抗争与荣光的历史，尤其让人眼花缭乱。老舍的小说《四世同堂》写到日本特使遇刺时，有这样一个桥段，"听到这个消息，小文发表了他的艺术家意见：'改朝换代都得死人，有钱的，没钱的，有地位的，没地位的，做主人的，做奴隶的，都得死！好戏里面必须有法场，行刺，砍头，才热闹，才叫好！'"把这段话用在这里或许并不十分贴切，但是近代中国的历史确实够热闹，足够引发人们一探其究竟的冲动。因此，我把这本小书聚焦在了1840—1949年。

　　本书内容杂而不乱，系笔者多年读书所得。或出自当事人的回忆，或出自正史记载，或出自野史杂谈，皆言之有据，并无一丝杜撰。紧紧围绕近代中国展开，从微观视角对这一时期进行尝试性解读，力图将难以触摸的历史重新展现出来，以期引发我们的共同思考——究竟应该如何理性地看待历史。

　　笔者对书稿中较为生僻的人物、事件做了简单注释（对于历经民国到建国以后人物的情况，只注到1949年），以方便读者阅读。

　　水平有限，书中难免出现错讹漏误，敬希读者批评指正。

目　录

是真名士自风流　　　　　1

　　陈独秀参加北大 1915 级哲学系学生毕业留影。照相时陈和梁漱溟坐在一起，把腿伸到了梁的面前。照片冲洗好之后，学生给他送去。陈独秀看后，道：照的很好，只是梁先生的腿伸得太远了一点。学生告诉他，这是你的腿。陈连呼"呵！呵！"

只眼看人　　　　　24

　　李鸿章七十大寿时，张之洞三天三夜没有睡觉，做了一篇寿文，极近推崇李鸿章之能事。在李所收寿文中，此篇最佳。琉璃厂书肆曾经即出单行本。光绪二十七年，李鸿章病死，张之洞既没有挽诗祭文，更没有写挽联，仅送去祭帐一副，上面写了一个大大的奠字，表示对李已经无话可说了。

豪横强梁 　　　　　　　53

　　溥仪的母亲曾经对其弟溥杰说：你父亲在辛亥革命后，从宫中回到家里，神情不变地对我说，这下就好了，我也可以回家抱孩子了。我听后大哭了一场，你长大了以后，可不要像你父亲那样没志气。要好好地念书，帮助你哥哥。

文人风骨 　　　　　　　72

　　袁世凯隐居洹上村时，准备送他的儿子克瑞、克权两兄弟到天津南开中学读书。特地说明愿意捐3000元给学校，但是两个儿子上学要带戈什哈（满语，随从）。南开中学校长张伯苓得知后，断然予以拒绝。袁只好将儿子送入新学书院学习。

在现场 　　　　　　　93

　　袁克定曾直接问梁士诒是否赞成袁世凯复辟，梁不敢当面拒绝，推脱说要和同人商议后，才好明确答复。当晚即召集交通系要人开会商议，说赞成帝制就不要脸了，不赞成帝制只能不要头。讨论的结果是，大家一致要头，一时传为笑谈。

政争   105

    汪精卫做汉奸后，不仅为全国人民所不齿，就连北洋余孽、华北汉奸头子王揖唐、齐燮元等人也恨恨的道：我们被国民党打垮，现在堕落到了做汉奸，不料国民党又派副总裁汪精卫一批人来抢我们这一碗苦饭，真是岂有此理。

权谋   114

    咸丰死后，慈禧将恭亲王奕䜣密召到承德，对他说：现在局势非常危险，先帝驾崩，我想社稷为重，国赖长君，最好由你继位。当时同治已经即位，奕䜣大惊失色道：先帝太子已经即位，太后怎么好这样说。慈禧说：端华、肃顺等人虽是顾命大臣，但是不肯同心辅佐新君，我也没有办法，或许他们愿意辅佐你。奕䜣答，他们如敢胡闹，就应该办他。慈禧说:很好，那就交给你去办吧。辛酉政变后，慈禧得以垂帘听政。此后，奕䜣屡起屡罢，一直处于危栗之中。他晚年集唐诗以自娱，其中有"猛拍阑干思往事，一场春梦不分明"，说的即是此事。

谶纬·迷信 133

张謇和徐树铮关系很好,徐以老师事奉张。一天,张謇梦到徐写了一首诗给他:与公生别几何时,明暗分途悔已迟。戎马书生终误我,江声澎湃恨谁知?张惊醒,疑惑徐树铮是不是出事了,不久便传来徐被刺杀的消息。

忠义 144

张之洞对梁鼎芬极为赏识。梁特别喜欢吃鱼翅,张每次设宴必定命人另外准备一大盘鱼翅送给梁独享。张去世后,梁鼎芬与端方到南皮奔丧,并作挽联:老臣白发,痛矣骑箕,整顿乾坤事粗了;满眼苍生,凄然流涕,徘徊门馆我如何。送殡之后,特地到张氏老宅门前徘徊不走。最后端方无奈,只好强行把他拉走。此后,每次出京南下,火车一进入南皮境内,梁鼎芬必定肃然起立,面向东默哀,待火车驶出南皮县境,方才坐下。

因为爱情 161

郁达夫称其原配夫人孙荃,"裙布衣钗,貌颇不扬,然吐属风流,亦有可取之处"。在安庆一中的时候,每天中午12点下课,郁达夫一定要跑回家去看夫人。为了赶时间,他走路特别快,只要有十几分钟的空闲,也必定旋风一样跑回家去。当王映霞出现以后,这一切都发生了改变。

见地 169

赵烈文与曾国藩探讨清朝前景时曾谈到,不出50年大清必亡。曾国藩问:难道不能南迁么?赵答曰:恐不能效晋宋也。赵目光如炬,40余年后,清亡。

政坛秘辛 183

庚子西狩途中,李莲英见光绪穿得少,就拿了自己的衣裳给了光绪,光绪说:李安达,你身上不冷吗?李莲英说:奴才死一万次又何足惜呢?这事让光绪很感动。据说光绪病重弥留之际,曾给隆裕皇后口述两道密旨,第一杀袁世凯,第二厚待李莲英。

江湖人·江湖事　　　　　　　　　195

太平洋战争爆发后,在香港的陶希圣一家出门逃难,路遇土匪,财物被洗劫一空。而后,土匪交给他们一张纸,上写"心胃气痛散"。称,再遇土匪,出示此字据,可免再次被劫,陶半信半疑。然而果不其然,此后凡有土匪拦截,陶递上纸条后,立刻放行,秋毫无犯。

称谓·诨号　　　　　　　　　　207

所谓北洋派,是指袁世凯北洋大臣任内在天津小站所练的新军,既不包括北方的全部新军,也不包括南方的军队。后来凡是依附袁的军队,都称为北洋派,甚至南方某些杂牌军也列入其中。因此,北洋派与非北洋派的界线也就逐渐混淆不清了。

轶闻　　　　　　　　　　　　　214

袁世凯平时很少有笑容,即使偶尔一笑也是转瞬即逝。但他也很少生气,满脸怒容的情况少之又少。除了管教儿子有时会用皮鞭棍棒责打外,对于男女佣人自己则从来没有责打过。佣人做错了事,袁也就是骂一句"混蛋",即便气急了,也就是加一句"混蛋加三极"罢了。

世家·姻亲 232

袁世凯有个女儿叫袁伯祯,嫁给了张人骏。张人骏的叔叔叫张佩纶。张佩纶的妻子叫李菊藕,她的父亲叫李鸿章。张佩纶有一子一女,儿子叫做张志沂,生了个女儿就是大名鼎鼎的张爱玲。

后记 241

是真名士自风流

民国初年,北大教授中不乏喜欢冶游者。蔡元培校长说:教员中有喜欢写艳体诗词的,有喜欢冶游的,有喜欢赌博的,有喜欢纳妾的,只要不荒废功课,不引诱学生,姑且听之。

1923年,毕业于明德中学、在美国留学多年的蒋廷黻学成回国,当时国内反对帝国主义和不平等条约的呼声日益高涨,蒋在回忆里自称,自己一直不能像其他国人那样仇恨帝国主义。

【编者注】:蒋廷黻,1895—1965,湖南宝庆人。历史学者,民国外交家。1949年去台。

1935，李济（右四）与考古界同仁合影

1922年，李济从哈佛大学毕业后回国，被南开大学聘为教授。李济一直想对全国人做一个头部测量。南开校长张伯苓曾问李：告诉我，人类学的好处是什么。李感到不快，断然回答：人类学什么好处都没有。次年，李即离开南开。

【编者注】：李济，1896—1979，字济之，湖北钟祥人。人类学家，中国考古学之父。1949年去台。

二三十年代，北平的学者都有搜集旧书的癖好。蒋廷黻回忆：

有一次，国立北平图书馆馆长袁同礼要我陪他去一位私人收藏家那里。我们在一起有一小时。他监视我，我监视他。我们找资料时，他问我对哪一方面特别有兴趣。我找到两本小册子，第一本是《文祥年谱》。文系清代外交的巨擘。第二本是有关鸦片买卖的书籍。袁先生对这两本书似乎都不太有兴趣，我私下很高兴。我们分手后，他回北平图书馆，我回俱乐部，当他远离后，我又转回去买那两本书，但当我半小时后回到那里向店主购买时，店主告诉我袁先生已经捷足先登把那两本书买走了。

张季鸾天赋极高，博闻强记，一般国际条约，不仅知道其签订的具体日期，而且内容也能说个大概。下笔千言，经常边和朋友聊天，边写稿子，文章顷刻而成，一字不改，真是奇才。张外表看上去瘦骨伶仃，弱不禁风，但笔下锋芒毕露，有万夫不当之气概。

【编者注】：张季鸾，1888—1942，陕西榆林人。著名报人，《大公报》总编辑。

蒋廷黻任清华大学历史系主任时，一开始，想找一位能教汉代历史的学者，他提出这一拟议时大家都认为杨树达是最合适的人选，因为杨是最伟大的汉史权威。杨晓得各种版本的《汉书》和《后汉书》，对各种版本真伪的鉴定，以及章句解释可以说无出其右者。杨是这两本书的最高权威。但他教了一年之后，如果有人问他：杨教授，你能给学生和我正确扼要的讲一讲汉代四百年间都发生过什么事，汉代重要政治、社会和经济变化如何吗？他会说：我从未想过这些。书中没有讨论过这类问题。

【编者注】：杨树达，1885—1956，字遇夫，号积微，湖南长沙人。中国著名语言文字学家。

长沙临时大学成立后，北大、清华、南开三校商定临时大学校长由三校轮流出任。三个校长主动谦让，张伯苓对蒋梦麟说：我的表你戴（代）着。蒋又主动让给梅贻琦。这样，临时大学的工作，实际是由梅贻琦负责的。

【编者注】：梅贻琦，1889—1962，字月涵，天津人。曾任清华大学校长，1949年去美国，后去台。

1921年，中国第一部介绍欧洲文艺复兴的专著——蒋百里著《欧洲文艺复兴史》问世。出版之前，蒋曾请梁启超为该书作序。不料，梁任公（编者：梁启超号）一蹴而就写成6万字序言，几乎与蒋书篇幅相当。后来，梁将此序言以《清代学术概论》为名作为专著出版。

【编者注】：蒋百里，1882—1938，原名方震，字百里，浙江海宁人。著名军事家，曾任保定军官学校校长。

余百无一嗜，惟对新闻事业乃有非常趣味，愿终身以之。这是邵飘萍经常挂在嘴边的一句话。

【编者注】：邵飘萍，1886—1926，名振青，浙江东阳人。著名报人，《京报》创办者，被奉系军阀杀害。

胡适在北大时忙于公务与交际，一次被邀请做学术演讲，来不及做准备。钱玄同亲眼看到，胡适在演讲之前，匆匆赶到琉璃厂旧书店买了一本旧书，在洋车上翻阅一遍，即上台发挥一通。

【编者注】：钱玄同，1887—1939，字德潜，号疑古，浙江吴兴人。著名学者。

叶公超家隔壁是一户美国人。其家顽童经常翻墙过来捣乱，叶出面制止。顽童不听，反以恶言相加，于是双方大声对骂。美童家长闻声而至，叶正用纯正的英语大骂："I'll crown you with a pot of shit!（我要把一桶粪浇在你的头上！）"那位家长听后并不生气，反而问道:"你这一句话是从哪里学来的?我有好久没听见过这样的话了。你让我想起了家乡。"结果双方一见如故,一句粗话令叶公超和邻居成了朋友。

【编者注】:叶公超,1904—1981,原名崇智,字公超,曾任国民政府外交部长。1949年去台。

清华园内,每周六都举办同乐会,师生均可参加,即兴表演。有一次赵元任把每人面前的茶杯收拢过来,大概有10多只,然后敲打调音,七音调正后,用茶杯演奏出一首乐曲,四座皆惊。还有一次,赵元任表演《全国旅行》,每到一地都用当地土话,介绍该地的名胜古迹和特产。从北京出发,然后到西安、兰州、成都、重庆、昆明、广州、上海,各地方言学的惟妙惟肖。

1920年,赵元任在清华国学研究院任教,曾为英国哲学家罗素做翻译。每到一个地方演讲,赵就用当地话翻译,模仿得惟妙惟肖,本地人都误以为他是同乡。

【编者注】:赵元任,1892—1982,字宣仲,江苏武进人。著名语言学家。抗战爆发后,赴美任教。

在学生们眼中，朱自清过于严肃，令人难以接近。有时，他自己也想缓和一下气氛，但却力不从心。有个学生在作文簿的封面上错写成"作文部"。朱自清在旁边批注道：你这算是哪一部。在发回作文时，朱将这件事当笑话讲给全班同学听，说完自己也轻笑了两声，然后等了片刻，显然是期待学生们有所回应。但是下面了然无声，没有丝毫的反应。

刘文典在清华大学曾以《红楼梦》为题做过一个学术演讲。他身穿长衫坐下后，先从容饮一杯热茶，然后霍然站立，像说"道情"一样，有板有眼的念出他的开场白："只、吃、仙、桃一口，不、吃、烂、杏一筐！仙桃只要一口，就行了啊！"然后又喝了两口茶，说道："我讲《红楼梦》，凡是别人讲过的我都不讲，凡是我讲的别人都没有说过。今天给你们讲四个字就够了。"转身拿起粉笔在黑板上写下"蓼汀花溆"四个字。

【编者注】：刘文典，1889—1958，字叔雅，安徽合肥人。著名学者，以研究庄子著称。

南开大学校长张伯苓尤其注意网罗人才。几乎每隔一两年他就要到美国去一趟，在留学生中考察成绩优秀的人才，想法子把他们请到南开任教。

罗家伦为了将蒋廷黻请到清华任教,特地从北平跑到南开。蒋不肯去。罗表示,蒋若不去清华,自己就坐在这里不走,熬了一夜,蒋最终执教清华。

【编者注】:罗家伦,1897—1969,字志希,浙江绍兴人。著名教育家,五四运动学生领袖,曾任中央大学、清华大学校长。1949年去台。

吴宓讲"红楼梦"特别受学生尤其是女生欢迎。听课的人特别多,很多人只得站着。留美出身的吴先生颇具西方绅士风度,一进教室,只要看见有女生站着,立刻跑到其他教室搬椅子,直到所有女生都坐下方才开讲。汪曾祺忆及此事幽默地说:"吴先生讲课内容如何,不得而知。但是他的行动,很能体现'贾宝玉精神'。"

【编者注】:吴宓,1894—1978,字雨僧,陕西泾阳人。著名学者、诗人。

陈独秀初次拜访沈尹默,一进门,就大声说道:我叫陈仲甫(编者:陈独秀字),昨天在刘三(编者:北大教员刘季平,陈独秀好友)家看到你写的诗,诗做得很好,字其俗入其骨。沈尹默听了大受刺激,从此发奋研习书法。

【编者注】:沈尹默,1883—1871,浙江吴兴人。著名书法家、教育家。其书法与于右任齐名。

北大预科地理教员桂蔚丞老先生上课时,随身带一名听差,负责给他拿着地图、茶壶、水烟袋。有一次,在办公室,桂看到沈尹默将书借给学生,大为惊讶,说你怎么可以把书借给学生,那你怎么教书啊。原来,他教了几十年书,讲义和参考书都是保密的。沈笑答:这无从保密啊,书是公开的,学生可以买,也可以到图书馆去借。

严独鹤嗜烟如命。自称,在《新闻报》时期,每天要抽一听多"三炮台"香烟(一听大概有50支),而且只用一根火柴。

【编者注】:严独鹤,1889—1968,浙江桐乡乌镇人。鸳鸯蝴蝶派代表人物之一。

张季鸾看书一目十行,且过目不忘。有次,徐铸成正在看新出版的《雷雨》剧本,张季鸾恰好看到了,就借了拿到总编室去看。不到半个钟头,张把书还给徐,称赞道:写得真不错。徐不相信张这么短的时间就把书看完了,便试探地问:张先生,你看这书哪儿写得比较好。张随口答道:布局很新颖,人物个个写得生动,情节十分离奇而又自然,刻画封建社会的黑暗面很突出。徐听后,惊讶不已。

【编者注】:徐铸成,1907—1991,江苏宜兴人。著名报人。

张季鸾对数字记得非常牢,当时的英美法意日等五国列强,有多少飞机,多少坦克,已经服役的主力舰有多少,吨位多少等等,说起来都如数家珍,记得非常清楚。

沈钧儒的叔父沈卫,清末任陕西提学使。有年乡试,一个身材矮小的童生迟到了,诉说自己赶路艰难,要求特准入闱。沈见其口齿伶俐,便问他平时读什么书,有哪些专长。童生说,自幼攻读经史以外,对口外的边防情况、山川情势特别留意。沈便让他把长城各口的险要写出来。童生果然写了个大概。当时正在叔父衙门里帮忙的沈钧儒看到童生坐在凳子上写字,双脚还够不到地呢。这个童生,就是日后大名鼎鼎的张季鸾。

徐悲鸿二十多岁的时候,与蔡元培偶遇,匆匆为蔡画了一张素描。蔡看后,十分惊叹,他本对美学就是内行,又一向奖掖后进,就请徐到北大授课,后又资送他去巴黎深造。

二三十年代,《新天津报》、《商报》经常连载刘云若的长篇小说。刘刻画人物极生动,特别是对天津底层社会的描写尤其入木三分。刘每天大部分时间流连在"三不管"附近的小烟馆中。他同时为几家报纸写章回小说,通常都是报社派人到小烟馆中坐等。他吞云吐雾过足了鸦片瘾后,要一块手纸,就着烟灯,密密麻麻的蝇头小楷写满一张纸,交给报社来人拿去排版,尤其令人叫绝的是,每次总能恰恰排好预留的版面。刘经常同时写几部小说,时间又如此仓促,人物、情节绝不错乱,而且从不敷衍了事。之所以能有此效果,郑振铎分析:刘对于当时底层社会的方方面面,了如指掌,他在烟榻上早已把每部小说的故事、布局都构思成熟,因此能一挥而就。郑对刘的《红杏出墙记》最为赞赏。

【编者注】:刘云若,1903—1950,原名兆熊,字渭贤,天津人。民国著名通俗小说家。

钱玄同在给学生上课时,从来不看是否有人缺席,用笔在点名簿上一划到底,算是全勤了。也从不考试,每学期评定成绩时,他按照点名簿的顺序,从60分,61分……开始,如果选这一课程的学生是40人,那么最后一个就是100分,如果超过40人了,那么第41名的成绩，重新从60分开始。

清华校长吴南轩被师生赶走后，清华学生会在北京报纸上发了一则广告：吴南轩先生鉴：台端不告离校，许多手续尚未办清，如台端亲手向本校图书馆借阅的初刊珍本附图的《金瓶梅》全套，迄今尚未归还，望即来校清理。极尽讽刺挖苦。

邵飘萍生活向来奢华，是中国记者以自备汽车采访的第一人，当时政府的有些总长还只是乘马车。据说，他吸的香烟也是请烟草公司特制的，印有"振青（邵飘萍字）制用"字样。

冯友兰回忆在北大读书时，陈伯弢（汉章）先生讲中国哲学史，从三皇五帝开始，每周四个小时，讲了一学期才讲到周公。学生们问陈，像这样讲下去，什么时候才能讲完，陈答曰：无所谓讲完讲不完，要讲完一句话就可以讲完，要讲不完就是讲不完。

吴宓对《红楼梦》颇为精通，曾在哈佛大学中国同学会演讲《红楼梦新谈》。陈寅恪听了欣然为其题诗《红楼梦新谈题辞》：等是阎浮梦里身，梦中谈梦倍酸辛。青天碧海能留命，赤县黄车更有人。世外文章归自媚，灯前啼笑已成尘。春宵絮语知何意，付与劳生一怆神。

姜亮夫参加清华入学考试复试,主要内容是考普通常识。其中一道题目是要求考生写出十八罗汉的名字,姜一个名字也未写出。

【编者注】:姜亮夫,1902—1995,云南昭通人。著名教育家。

姜亮夫曾经在《燕京学报》上发表过一篇批评容庚的文章。陈寅恪看到后对姜说:"你花这么大的精力批别人,为什么不把精力集中在自己的研究工作上!"从此以后,姜几乎从未写过批评文章。

林同济在西南联大做题为"战国时代的重演"的演讲,将当时的国际形势比作新的战国时代。有学生提问,马克思认为,人类社会最终要进入共产主义,实现世界大同,是不是这样呢。林答道:马克思是个很聪明的人,但是聪明人的话未必都正确,人类社会今后是不是这样,还要看事实的演变,不是事先可以预言的。

【编者注】:林同济,1906—1980,福建福州人。著名学者,"战国策"派主要代表。

梅贻琦平时穿着整齐,总是拿一把张伯伦式的弯把雨伞,极有绅士风度。即便在西南联大跑警报的时候,他也是安步当车从容不迫。

抗战前后，有人认为国民党搞的基层民主选举只是故作姿态而已，冯友兰则认为：不能这样说，当局既然肯这么表示，就说明它真心要这么做。

傅斯年得知西安事变后，极为震怒，高呼"国家元首岂容为贼所扣乎"？极力主张国民党高层立即出动大军讨伐张、杨，同时连续在《中央日报》发表《论张贼叛变》等言辞激烈的檄文予以声讨。傅斯年言称张学良的老子就是胡子出身，"张贼天生的是一个犯上作乱的土匪种"。蒋介石"在此时中国是无可比拟的重要，他的安危关系中国国运比任何事都切紧"。再次疾呼尽速派中央军西进，对西安呈扇形包围，只要将西安围住，"张贼学良"除投奔共产党，将是死路一条。针对有人认为出兵西进，会激怒张学良并危及蒋介石的安全，傅斯年坚称愈是大军压境，张学良愈不敢加害蒋，并预言性地指出，待中央军包围西安，张只有束手就范，屈膝投降，而张投降后，"只有蒋能救他一条性命"。

【编者注】：傅斯年，1896—1950，字孟真，山东聊城人。著名历史学家，五四运动学生领袖，曾任中央研究院历史语言研究所所长、代理北京大学校长等职。因敢于直言，绰号"傅大炮"。1949年去台。

傅斯年

北伐胜利后,傅斯年非常高兴,一高兴就去找老校长蔡元培喝酒。傅斯年酒后放言:"我们国家整理好了,不但要灭了日本小鬼,就是西洋鬼子也要把他赶出苏伊士运河以西,从北冰洋到南冰洋(南极洲),除印度、波斯、土耳其以外都要郡县之。"

辜鸿铭向来标新立异。一年,他在北京大学的开学典礼上,做了一个演讲,谈到:现在的东西都不对,例如"改良"这个字眼就不通。只听说妓女从良,现在却要改良,你要改良为娼吗?

陈独秀参加北大哲学系学生毕业留影。照相时陈和梁漱溟坐在一起,把腿伸到了梁的面前。照片冲洗好之后,学生给他送去。陈

蔡元培（前排右四）、陈独秀（前排右三）、梁漱溟（前排右二）、马叙伦（前排右五）等与北大哲学系毕业生合影。照片上陈独秀的脚远远伸出，清晰可见。

独秀看后，道：照的很好，只是梁先生的腿伸得太远了一点。学生告诉他，这是你的腿。陈连呼"呵！呵！"

1926年10月3日，徐志摩与陆小曼的婚礼在北海画舫斋举行。担任伴郎的金岳霖从来只穿西服，为了符合婚礼规定，他特地借了长袍马褂。

朱自清在浙江第一师范任教时，极为严谨认真。有一次他给一个学生批改作业，改了一个字。过了几天，又特地把那个学生找去说：我想了好几天，还是你原来用的那个字好，还是改回来吧。

洪业留学哈佛时，一年夏天见到一个中国留学生衬衣下摆露在裤子外面，旁若无人的口诵诗歌。当时美国人多把衬衣系在裤子内，以示潇洒。洪见此人行状怪异，便向其他人询问，回答说：这就是哈佛有名的陈寅恪。

【编者注】：洪业，1893—1980，字煨莲，福建闽侯人。著名史学家，1946年定居美国。

冯友兰在哥伦比亚大学期间，听同学传言：哈佛大学的中国留学生中，有一奇人陈寅恪，性情孤僻，极少社交，所选功课大多是生僻冷门。冯"心仪其人，但未之见"。

陈寅恪、俞大维留学时曾请赵元任夫妇看德国话剧。二人将赵夫妇送至剧场门口，转身就要走。赵氏夫妇很诧异，陈寅恪说：我们只有这点钱了。要是自己再进去看，又要啃好几天干面包了。

赵元任夫妇合影

【编者注】：俞大维，1897—1993，浙江绍兴人。抗战期间，任国民政府兵工署长，作出突出贡献。1949年去台。

臧克家在青岛大学读书时，曾选修过闻一多的英诗课。在讲英国六大浪漫家之一柯勒治的诗时，闻一多说道：如果我们大家坐在一片草地上谈诗，而不是在这样间大房子里，我讲你们听：坐在草地上，吸着烟，喝着茶，也无妨吸一口鸦片……

徐志摩死后，很多友人都写了悼念文章。臧克家问闻一多：你是徐先生公认的好友，为什么没有一点表示呢。答曰：志摩一生，全是浪漫的故事,这篇文章怎么个做法呢?

梁实秋在青岛大学担任英文系主任时,曾有学生问起他与鲁迅之间的论争。梁笑而不答,用粉笔在黑板上写了四个大字——"鲁迅与牛"。

黄侃反对白话文运动。曾当着众人的面讽刺胡适说:如果真正推广白话文,你就不应该叫胡适之了,应该叫"哪里去"才对。他对人说:胡适说做白话文痛快,世界上哪有痛快的事。金圣叹说过世界上最痛的事,莫过于砍头,世界上最快的事,莫过于喝酒。胡适如果要痛快,可以先喝了酒再仰起脖子让人砍头。他还说:胡适口口声声说白话文好,我看未必。比如胡适的老婆死了,要发电报通知他回家奔丧。若用文言文,"妻丧速归"四个字就够了。若用白话文,就得说"你的太太死了,赶快回来呀!"要十一个字,电报费要比用文言文用两倍多,不但啰嗦而且费钱。

【编者注】:黄侃,1886—1935,字季刚,湖北蕲春人。著名学者。

刘半农曾拜访章太炎。章说:"我知道你曾经在北方的报纸上,征求过'国骂'的字句及各地方骂人的话,第二天早上,就有人到你学校中,在课堂上讲出许多骂你老母的地方话。所以后来你就不敢再做这件工作,现在我来骂几句给你听。"接着就说汉代的骂人话,是×××出于何书,唐朝骂人的话,是×××出于何书,直说到上海人宁波人,以及广东人的三字经,完全骂出来。看起来好像供给他资料,事实上把刘半农祖宗三代都骂到了。

【编者注】:刘半农,1891—1934,名复,江苏江阴人。著名学者。曾亲自采访清末名妓赛金花,所著《赛金花本事》在其身后出版。

章太炎的门生分为三派:一派是守旧派,代表人物是嫡传弟子黄侃,认为凡是旧的都是对的。一派是开新派,代表人物有钱玄同、沈兼士,钱自称疑古玄同,可见其思想一斑。第三派为中间派,以马裕藻为代表,认为守旧、开新两派都有其可取之处。

【编者注】:沈兼士,1887—1947,名坚士,浙江吴兴人。著名学者,沈尹默之弟。

顾维钧

马裕藻，1878—1945，字幼渔，浙江鄞县人。著名学者。

顾维钧为人极为雍容大方，从来不会疾言厉色。即便对下属，也总称"您"。他认为：在外交上讲话，一定得有礼貌。即便知道对方不会同意你的意见，话也一定得这么说，"我相信您一定会同意我的意见吧"。

【编者注】：顾维钧，1888—1985，字少川，江苏嘉定人。近现代著名外交家，曾在巴黎和会上为捍卫山东主权，据理力争，称，山东作为孔子的故乡，对于中国的重要性，相当于耶路撒冷之于西方的关系。1946年，任国民政府驻美大使。后一直定居美国。

李大钊的人格道德，受到社会各界的交口称赞。张季鸾说过："共产党，我们真不能不反对，但是守常信共产主义，我们又不能反对。"

清华国学院成立后，王国维、梁启超、陈寅恪、赵元任出任导师。王国维曾任溥仪的老师，梁启超是康有为的得意门生，陈寅恪就此为国学院的学生拟了一副对联：南海圣人再传弟子，大清皇帝同学少年。

【编者注】：康有为是广东南海人，学问广博，时人尊称其为康南海、康圣人。

陶希圣在安庆一中教书的时候，考前不给学生划考试范围，遭到质问：你在北大上学时，老师也不给划范围吗。陶答：北大的老师，有的给划有的不给划。划范围的课我都没学好，没划的我都学得很好。上学时，我骂不划范围的老师，出了学校我骂划范围的老师。我宁可你们现在骂我一顿，也不愿意你们出了校门骂我一辈子。

【编者注】：陶希圣，1899—1988，名汇曾，字希圣，湖北黄冈人。国民党理论家，曾揭露汪精卫与日本签订的密约内容。1949年去台。

只眼看人

汪精卫是个美男子。胡适说,自己若是女人一定爱汪,即便自己是男子,也爱汪。

胡政之曾对蒋廷黻谈起,冯玉祥任河南省督军时,自己去采访的情况。当时冯拿出一张自己给士兵剃头的照片给胡看。胡对蒋道:为了表示关切士兵生活而替他们剃头,我认为大可不必;如果他一定要给士兵剃头,也绝无拍照的必要;如果一定要拍照,也用不着出示给采访的记者。

【编者注】:胡政之,1889—1949,名霖,四川成都人。著名报

冯玉祥

人,《大公报》总经理。

第一次直皖战争结束后美国陆军助理武官费禄纳少校曾到保定访问曹锟、吴佩孚二人。费禄纳认为吴佩孚才是一个真正意义上的领袖:"直系首脑中最杰出的是吴佩孚……他的行动是一个真正爱国者的行动,他是为国家利益而不是为个人利益而工作的。……他显然极为民主,他的士兵对他既非常尊敬,又十分爱戴"。

张作霖认为,段祺瑞虽然刚愎自用,但是用人不疑,对人诚实,不耍权术,所以门生故旧不仅人才众多,而且都肯为其卖命。惟一遗憾的是,段太过于信任徐树铮了。徐树铮才华出众,胜过杨宇霆，只是锋芒太露，反而连累了段祺瑞。

【编者注】：徐树铮，1880—1925，字又铮，号铁珊，安徽萧县人。北洋皖系将领，1919年因派兵收复外蒙而名震一时。1925年，被冯玉祥部下张之江派人杀死。

杨宇霆，1886—1929，字邻葛，辽宁法库人。北洋奉系将领。1929年，被张学良枪决。

李鸿章说："我办了一辈子的事，练兵也，海军也，都是纸糊的老虎，何尝能实在放手办理，不过勉强涂饰，虚有其表，不揭破尤可敷衍一时。如一间破屋，由裱糊匠东补西贴，居然成一间净室，明知为纸片糊裱，然究竟不定里面是何等材料。即有小小风雨，打成几个窟窿，随时补葺，亦可支吾应付。乃必欲爽手扯破，又未预备何种修葺材料，何种改造方式，自然真相破露，不可收拾，但裱糊匠又何术能负其责？"

张作霖对冯玉祥深恶痛绝，称其为反复小人，唯利是图，还要装伪君子，为人阴险狡诈。

1906年，马相伯赴日，在日华学会典礼上勉励留学生：爱国不忘读书，读书不忘爱国。张之洞将此话奉为至理名言，称马为"中国第一位演说家"。

陈宝箴受郭嵩焘举荐,担任曾国藩幕僚。曾早知其名,视其为"国内奇士",赠陈一副对联:"万户春风为子寿;半杯浊酒待君温。"

【编者注】:陈宝箴,1831—1900,字相真,江西修水人。曾向湘军将领席宝田献计,而生擒太平天国幼主洪天贵福,后任清湖南巡抚,倡导维新,是戊戌变法中,惟一支持维新派的地方督抚。著名史学家陈寅恪祖父。

陈宝箴与儿孙合影。前排左二为陈寅恪

郭嵩焘，1818—1891，字伯琛，号筠仙，湖南湘阴人。中国首位驻外使节，作为曾国藩的得力助手，曾参与筹建湘军。

王克敏记忆力超强，能够将账本上的数字背下来。但是喜赌博，好挥霍，经常入不敷出。曹汝霖认为，他之所以当汉奸也是"为贫而仕，未必为附日"。

【编者注】：王克敏，1879—1945，字叔鲁，浙江余杭人。曾任北洋政府财政总长等职。抗战期间，附逆投敌。1945年因汉奸罪被捕，后自杀。

王克敏

陈寅恪曾向毛子水夸赞罗家伦："志希（编者：罗家路字）在清华，使清华正式的成为一座国立大学，功德是很高的。即使不论这点，像志希这样的校长，在清华也可说是前无古人，后无来者。"

【编者注】：毛子水，1893—1988，名准，浙江衢州人。著名学者，1949年去台。

黄兴、陈其美等到北京后，满清皇族在那桐住宅举行欢迎会，黄兴在答谢词中表示，辛亥革命不过3个月就实现南北统一、五族共和，"全赖隆裕太后、皇帝及诸亲贵以国家为前提，不以皇位为私产，远追尧舜揖让之盛心，遂使全国早日统一，以与法、美共和相比并。"

【编者注】：陈其美，1878—1916，字英士，浙江吴兴人。蒋介石把兄，陈果夫、陈立夫的叔父。早年参加同盟会，上海光复后任沪军都督，参与护国运动，后被张宗昌暗杀。

那桐，1856—1925，字琴轩，叶赫那拉氏，满洲镶黄旗人。曾任清总理衙门大臣、军机大臣、内阁协理大臣等职。

孙中山评价隆裕太后说："孝定景皇后（编者：隆裕太后谥

那桐

号）让出政权，以免生民糜烂，实为女中尧舜，民国当然有优待条件之酬报，永远履行，与民国相终始。"

谭人凤说，黄兴待人接物"有一种休休之容，蔼蔼之色，能令人一见倾心"，认为这是他"生平最长之处"，"而其最短之处，则颇刚愎自是，不听人言，好恭维……无怪乎誉满天下而事业终不能成也。惜哉！"

【编者注】：谭人凤，1860—1920，湖南新化人。近代民主革命者。

李鸿章七十大寿时，张之洞三天三夜没有睡觉，做了一篇寿文，极近推崇李鸿章之能事。在李所收寿文中，此篇最佳。琉璃厂书肆曾经印出单行本。光绪二十七年，李鸿章病死，张之洞既没有挽诗祭文，更没有写挽联，仅送去祭帐一副，上面写了一个大大的奠字，表示对李已经无话可说了。

有人问辜鸿铭应该如何评价曾国藩。辜借用孔子的话，赞扬曾国藩：微曾文正（编者：曾国藩谥文正），吾侪剪发短衣矣。

张之洞死后，在遗折中表示，希望死后能得到一个"忠"字。按照清制，勋臣死后赐谥号，"成、正、忠、襄"用不着商量，由皇帝亲自颁赏即可。当时宣统尚在幼年，摄政王载沣有权决定用任何一个字，但结果只赐了一个"襄"，最终也没有满足张之洞的遗愿。

徐世昌、华世奎均为清户部尚书祁世长门生。祁去世前，曾经将自己的老来子云马风托付给二人照顾。1929年，云马风已经40岁，无以为生，请华、徐帮忙。华给了100元之后，带云马风去见徐，徐世昌对华世奎说：你这几年卖字赚了不少钱，我虽然也卖字，但没你赚的多，我给50元吧。事后，华逢人便说：千万好好

徐世昌

练字，如果写好了比当一任总统还强。借以讽刺徐世昌。

【编者注】：华世奎，1863—1941，字启臣，天津人。书法家，"天津八大家"之一，"天津劝业场"匾额，为其手书。

张之洞对《辛丑条约》于文字上字斟句酌，李鸿章得知后慨叹：没想到张香涛（张之洞字）做官几十年，仍是书生之见。

吴宓在哈佛大学与陈寅恪结识，对其学问钦佩有加，给国内的师友写信，盛赞陈：合中西新旧各种学问而统论之，吾必以寅恪为全中国最博学之人。

北洋段祺瑞系统的核心人物李思浩晚年曾经感慨："皖段没有又铮（徐树铮字）不足以成事，亦不足以败事。"又有人说"徐先生说的话，总理必听；而总理说的话，徐先生则是可听可不听。"

有人对冯玉祥在大革命前后的表现做了精辟的总结：一信基督，二联俄共，三次逼宫，四次革命，五原誓师，六月反共，七驱老于（编者：指于右任），八结中正（编者：指蒋介石），九存阴险，十分活动。

戴笠死后，章士钊为其题写挽联：生为国家，死为国家，平生具侠义风，功罪盖棺犹未定；誉满天下，谤满天下，乱世行春秋事，是非留待后人评！

徐树铮收复外蒙后，致电在上海的孙中山，汇报情况。孙中山复电称："吾国久无班超傅介子其人，执事（指徐）于旬日间建此奇功，以方古人，重见五族共和之盛，此宜举国欢欣鼓舞者也！"

孙中山病逝后，正在欧洲考察的徐树铮用电报发回挽联：百年之政，孰若民先，曷居乎一言而兴，一言而丧；十稔以还，使无公在，正不知几人称帝，几人称王。此联上句典出《论语·子路》，下句典出曹操《让县自明本志令》，当时，很多政客文豪为中山先生致挽联，但徐树铮此联被推为其中之冠。不少人对此评论："徐氏之联，用典精辟，含义深刻，可谓之头筹！"

陈寅恪回国后，被清华大学国学研究院聘为导师。时任研究院主任的吴宓认为他是"全中国最博学之人"。梁启超也称："陈先生的学问胜过我。"

著名相士彭涵锋见过冯玉祥后，以《三国演义》中的人物形象比喻冯："貌似刘备，才如孙权，而志比董卓，诈如吕布，运只袁绍耳"！

1917年7月21日，孙中山致电两广巡阅史陆荣廷，称："张勋强求复逆，亦属愚忠，叛国之罪当诛，恋主之情可悯。文对于真复辟者，虽以为敌，未尝不敬也。"孙中山虽然竭力反对张勋复辟，但却丝毫没有伤及这个共和之敌的人格。

【编者注】：陆荣廷，1859—1928，字干卿，广西武鸣人。清末广西提督，旧桂系首领。

梁启超评价袁世凯说："袁氏自身原不知人之所以异于禽兽者何在，以为一切人类通性，唯见白刃则战栗，见黄金则膜拜，吾挟此二物以临天下,乎何求而不得者。"

段祺瑞死后,吴佩孚为其送上一副传诵一时的挽联:天下无公,正未知几人称帝,几人称王,奠国著奇功,大好河山归再造;时局至此,皆误在今日不和,明日不战,忧民成痼疾,中流砥柱失元勋。

张之洞与李鸿章因政见不同,向来不和,但张对李的评价却是中肯有加。谭嗣同曾多次引用张对李的评价:当时朝廷内外对西方军事、内政和外交"稍知之者,唯一合肥(编者:李鸿章,安徽合肥人,时人尊称其为李合肥)。国家不用之而谁用乎?"

张之洞

中法战争中国不败而败,法国不胜而胜,左宗棠对当时主和的李鸿章大加批评:"对中国而言,十个法国将军,也比不上一个李鸿章坏事";"李鸿章误尽苍生,将落个千古骂名"。

胡适认为,张学良的孩子心性和头脑在小事上精明,在大事上则完全让人匪夷所思。他说:"张学良的体力与精神,知识与训练,都不是能够担当这种重大而又危急的局面的。"

蒋介石在日记中这样评价张学良:"小事精明,大事糊涂,把握不坚,心志不定,殊可悲也。"

张学良谈起郭松龄时说:有一点点看不起他,他比女人还小器。不愿意我跟韩麟春、姜登选他们一起玩呀、说话呀。用女人的话来说,就是吃醋。

【编者注】:郭松龄,1883—1925,字茂宸,辽宁沈阳人。北洋奉系将领,1925年倒戈反奉失败被杀。

韩麟春,1885—1931,字芳宸,辽宁辽阳人。北洋奉系将领。

姜登选,1882—1925,字超六,直隶南宫人。北洋奉系将领,郭松龄反奉时被杀。

叶恭绰说：唐绍仪"有劝人退位之习惯，以为政治家无身临绝境之理，退可复进。故劝清帝退位，劝袁（世凯）退位，劝段（祺瑞）退位，又劝孙（中山）退位，劝蒋（介石）退位，而不知除清室被逼退位外，余皆不听其言。蒋尤误会，以及干祸"。

【编者注】：叶恭绰，1881—1968，字裕甫，广东番禺人。曾任北洋政府交通部长、南京国民政府铁道部长。

唐绍仪，1862—1938，字少川，广东香山人。曾任清末南北议和代表、民国首任内阁总理。武昌起义时，为袁世凯的全权代表。洪宪帝制时，劝袁世凯退位。府院之争时，反对段祺瑞。广东军政府时期，与孙中山主张相悖。宁粤分裂时，反对蒋介石。1938年，上海有传言唐将出面组织伪政府，军统将其暗杀。

吴佩孚五十大寿，康有为亲自为其题写寿联：牧野鹰扬，百岁功名才一半；洛阳虎视，八方风雨会中州。

张作霖第一次得袁世凯接见时，虽然时间不长，但很快就被袁的气度谈话所折服。张认为，只有袁的能力智力能够统一中国。只可惜袁被身边的宵小所耽误，复辟帝制，最终不得善终。

马相伯死后,于右任题写挽联道:光荣归上帝,生死护中华。

1884年,朝鲜开化党在日本支持下发动"甲申政变",企图软禁国王,驱除中国势力。驻扎朝鲜的袁世凯,当机立断派兵剿灭。袁此举深得李鸿章欣赏,李赞扬袁:血性忠诚,才识英敏,力持大体,独为其难。

孙中山去世后,汪精卫当选国民政府主席,胡汉民任广东省长。胡汉民与廖仲恺之间情谊深厚。就任省长后,即聘廖为省府高等顾问,每月支付办公费用500元,有重要事情,必定征求廖的意见。廖对胡也是尊敬有加。工作之余,胡汉民经常与朋友下属下棋为乐。廖仲恺因此批评胡道:展堂(胡汉民字)先生身负党国重任,目前军情紧急、财政交困,还有如此闲情逸致,即使是精力过人,亦为圣人之累。

东征中棉湖之役,教导第一团遭到林虎部的反击,情况危急。团长何应钦亲率左右二三十人和控制的一挺重机枪,向敌人猛烈射击,终于稳住了阵脚。战后苏联顾问加伦将军总结时说,这次战役在世界战争史上都是很少见的。我们以为俄国十月革命时,处境非常困难,作战非常英勇,但也很少有可以和这次棉湖战役相媲美的。他特别讲了第一团的战斗,说:当时何团长要是动摇、犹豫,战局不可收拾。说完当场解下身上的佩剑，赠送给何应钦。

【编者注】：林虎，1887—1960，字隐青，广西陆川人。旧桂系将领。后任国民政府议员、立法委员等。新中国成立后，任广西省政协副主席等。

吴佩孚生前，即给自己写好了挽联：得意时清白乃心，不怕死，不积金钱，饮酒赋诗，犹是书生本色；失败后倔强到底，不出洋，不入租界，灌园抱瓮，真个解甲归田。

1906年，蒋百里到德国学习军事，其才能得到德国同行的赞许。时任德军最高统帅的兴登堡元帅曾特地召见并夸奖蒋说：拿破仑曾经说过，若干年后，东方必定会出现一位伟大的将才，这或许就应验在你的身上。

蔡元培挽鲁迅联：著述最严谨，非徒中国小说史；遗言太沉痛，莫做空头文学家。

林则徐死后，咸丰皇帝亲自写了挽联道：答君恩清慎忠勤，数十年尽瘁不遑，解组归来，犹自心存军国；殚臣力崎岖险阻，六千里出师未捷，骑箕化去，空教泪洒英雄。

曾国藩死后，左宗棠亲笔为他题挽联：谋国之忠，知人之明，自愧不如元辅；同心若金，攻错若石，相期无负平生。

严复挽郭嵩焘道：平生蒙国士之知，而今鹤翅氋氃，激赏深惭羊叔子；惟共负独醒之累，在昔蛾眉谣诼，离忧岂仅屈灵均。

【编者注】：严复，1854—1921，字又陵，福建闽侯人。清末启蒙思想家、教育家。曾担任北京大学校长，袁世凯复辟帝制时"筹安六君子"之一。

孙中山为宋教仁亲致挽联：作民权保障，谁非后死者；为宪法流血，公真第一人。

袁世凯生前自挽："为日本去一大敌，看中国再造共和"。

胡适与傅斯年交情很深。胡对傅评价很高：他是绝顶聪明人，记诵古书很熟，故能触类旁通，能从纷乱中理出头绪来。在今日治古史者，他当然无有伦比。

冯友兰颇轻视胡适。1947年，冯到纽约，何炳棣去旅馆探望。

交谈中，谈到杨绍震夫人许亚芬的硕士论文题目是《1927年以前胡适对中国文化界的影响》。冯听了，当即以浓重的河南强调说道：这……这……这个题目很……很……好……，因为过了1927，他也没……没得……影响啦。

【编者注】：何炳棣，1917—2012，浙江金华人。著名史学家。1948年，赴美任教。

胡适在日记中记到：读陈寅恪先生的论文若干篇。寅恪治史学，当然是今日最渊博最有识见最能用材料的人。但他的文章实在是写的不高明，标点尤赖，不足为法。陈寅恪用文言文写作，标点尤赖的说法，有些站不住脚。

翁独健在给学生上课时说：陈（寅恪）先生如能来燕大，即使不上课，也是我们的光荣。

【编者注】：翁独健，1906—1986，福建福清人。著名史学家。

王国维对沈曾植的评价颇有趣。公开评价极高，王在《沈乙庵先生七十寿序》中将沈捧得极高，称其为顾炎武、戴东原一类的人物，但在私下写给罗振玉的信中却批评沈志大才疏，而且其谈论时有得失。

【编者注】：沈曾植，1850—1922，字子培，号乙庵，浙江嘉兴人。晚清著名学者、书法家，有"中国大儒"之美誉，曾国藩的老师。

罗振玉，1866—1940，字叔言，号雪堂，浙江上虞人。近代著名金石学家，王国维好友，曾参与筹建"伪满洲国"。

顾维钧曾当面夸奖陆小曼道：陆建三的面孔一点也不聪明，可是他女儿陆小曼小姐却是那样漂亮、聪明。

刘海粟对陆小曼赞不绝口：她的古文基础很好，写旧诗的绝句，清新俏丽，颇有明清诗人的特色；写文章，蕴藉婉约，很美，又无雕凿之气。她的工笔花卉和淡墨山水，颇见宋人院本的传统。而她写的新体小说，则诙谐直率。她爱读书，英法原文版小说，她读得很多。

胡适曾对徐志摩说：陆小曼是北京城一道不可不看的风景，到了京城不见陆小曼等于没来。

两广总督张铭岐、清军水师提督李准参与审讯林觉民，为林的气势所折服，叹到：惜哉。此人面貌如玉，肝肠如铁，心地如雪，真奇男子也!

【编者注】:林觉民,1887—1911,福建闽侯人。黄花岗七十二烈士之一。

1906年,陈炯明考入广东政法学堂。时在学堂执教的朱执信对其颇为赏识,极力向孙中山推荐说,陈"双目炯炯有光,热情好客,为人能一见如故,坦诚相待"且"品学兼优,热心国事"。

【编者注】:陈炯明,1878—1933,字竟存,广东海丰人。粤军将领,参加过黄花岗起义,后与孙中山决裂,炮轰总统府。曾参与组织洪门向致公党的转型。

朱执信,1885—1920,名大符,祖籍浙江萧山。近代民主革命者。

杜月笙六十大寿时,国民党《中央日报》发表文章称:十六年国军奠定东南,上海伏莽遍地,一心未定,秩序纷然,先生以安定地方为重,与黄金荣、张啸林仗义执言,昭告国人,复默运机宜,不旬日而反侧以宁,此则有造于党国之始。在为其庆生的同时,以示不忘杜参与四一二政变之功。

章士钊曾亲自为杜月笙庆祝六十大寿写了一篇寿文,这篇寿文是由于右任、孙科、居正、戴传贤、李宗仁、宋子文、孔祥熙、吴铁城、何应钦等100位名人联名签字送给杜的。章士钊在寿宴上当场朗读了该文,其中写道:战时初期,身居上海而上海重,战事中期,身居香港而香港重,战事末期,身居重庆而重庆重,舍吾友月笙先生,将不知所为名之也……当时在场的许多人都感觉吹捧得太过分了。

胡汉民评价孙科说:因为他是中山先生之子,所以有革命脾气,因为他在外国长大,所以有洋人脾气,因为他是独子,所以有少爷脾气。他有时只发一种脾气,有时两种一同发,有时三种一起发。接近过孙科的人,认为胡的话虽然颇含挖苦讽刺之意,但却是不假。

胡汉民对张学良说:当年在总理(孙中山)面前就是我和汪精卫两个人。总理总是派汪精卫到外头办外交。干这些事都得说假话呀,不能讲真话。汪精卫说假话说惯了,跟谁都说假话。我老待在总理面前,是什么话都敢讲,什么话都说。说实话得罪总理呀,总理也原谅我。

郭松龄曾经为自己下过一个评语:鲁莽躁切,跋扈侵权。

李鸿章说:"中国可无李鸿章,但不可无唐廷枢"。

【编者注】:唐廷枢,1832—1892,广东香山人。洋务运动代表人物之一,轮船招商局、开平煤矿、唐胥铁路等中国早期资本主义工商业,都与其有关。

殷汝耕之兄殷汝骊评价张群说,张"只能呼为蒋之使女而不得成为如夫人,以如夫人尚有恃宠撒娇时,而张并此无之,惟知唯唯诺诺,欲如何如何,无一丝违抗。"

【编者注】:殷汝耕,1889—1947,浙江平阳人。抗战期间,冀东伪政权首脑。抗战胜利后,因汉奸罪被国民政府处死刑。

殷汝骊,1883—1941,浙江平阳人,殷汝耕之兄。

张群,1889—1990,字岳军,四川华阳人。国民党元老,1949年去台。

殷汝骊对其弟殷汝耕了解极为深刻,早就对人说:此弟品质极坏,只要有利可图,他就能卖友,甚至会出卖民族。果不其然,汝耕做了汉奸。

陶希圣评价胡适说:一个人在任何一个场合,一举一动,恰好适应这个场合,无论是演说,或是谈话,总有不失自己立场而又适应这个场合的一番意义。胡先生就是这样一位学者。这话说起来容易,做起来却是难上难。胡先生为人行事,立言作文,是"极高明而道中庸",断乎不是寻常的人可以想见和做到的。

胡适曾对陶希圣说:翁文灏患得患失,不知进退。对朋友嘻嘻嘻的一笑,没有诚意,而对部下,则刻薄专断。

【编者注】:翁文灏,1889—1971,字咏霓,浙江鄞县人。地质学家。曾任国民政府行政院长。1949年去台。

胡适的《中国哲学史大纲》和《中国白话文学史》都只有上部。林语堂称胡为"最好的上卷书作者"。黄侃则称胡为"著作监"。有学生不解其意,向黄请教。黄侃答曰:监者,太监也。太监者,下部没有了也。

金岳霖说:寅恪先生的学问我不懂,看来确实渊博得很。有一天我到他那里去,有一个学生来找他,问一个材料。他说,你到图书馆去借某一本书,翻到某一页,那一页的页底有一个注,注里把所有你需要的材料都列举出来了,你把它抄下,按照线索去找其余的材料。寅恪先生记忆力之强,确实少见。

荣庆就曾国藩入祀文庙一事征求张之洞的意见。张之洞称曾在处理天津教案时，为取悦法国人杀了18个中国百姓，这种卖国求荣的行为，"入武庙犹且不可，何况文庙"。此事只得作罢。

【编者注】：荣庆，1859—1917，字华卿，蒙古正黄旗人。曾任清刑部尚书、学务大臣等职。

天津教案，又称望海楼事件。同治九年（1870年），天津法国天主教育婴堂附近屡次发现婴儿尸体，民众要求清政府彻查。法国公使丰大业在交涉过程中开枪行凶，激起民愤，丰被当场打死，望海楼天主教堂等建筑物被烧，法国修女、神父等10余人被杀。时任直隶总督的曾国藩受命处理此事。曾迫于法国军事压力，委曲求全，以18名中国百姓抵命，并赔偿白银40余万两。曾国藩因此被视为汉奸、卖国贼。一年后，曾便在"内疚神明，外惭清议"中去世。

张之洞70寿辰之际，樊增祥专门撰写了一篇2000多字的骈体文，为老师祝寿。寿文通过电报拍发，竟然几天时间才发完。樊在文中以：不嘉其谋事之智，而责其成事之迟；不谅其生之难，而责其用财之易一句，概括张之洞任疆吏数十年间的遭遇。一语道破张之洞的心声。张看后，不禁拍案赞曰：云门真是可人。

【编者注】：樊增祥，1846—1931，字樊山，号云门，湖北恩施人。近代著名文学家、诗人。

曹汝霖谈到吴佩孚之死时说：吴因牙毒入脑不治而亡，也有人说是被日本人下毒害死，人们赞扬他不入租界实为好汉。曹却认为，如果日本人允许吴领兵，他早已袍笏登场。吴之所以能保持晚节，实拜一牙所赐。

同在北平时，吴宓与胡适偶遇。吴问胡，为何不叫胡适的，却叫胡适之？当时在北平有一种口头语，问别人有什么规划打算时爱用"阴谋"二字，胡即反问吴："《学衡》派，有何新阴谋？"吴笑答："欲杀胡适耳"。

蒋介石带何应钦出席开罗会议，时任国民政府参谋总长的白崇禧深感受到冷落，借故飞回桂林。蒋回到重庆后，对白大加安慰，于是白即飞返重庆。李济深对白颇有看法，曾就此事评论道：北京过去有一种"上炕老妈子"，健生（白崇禧字）这个人，其实连一个侍妾都不如，撒了一阵娇，被主子拉拉袖子，就乖乖的"上炕"了。

陈汉章和胡适同时给北大哲学系不同级别的学生开中国哲学史课

胡适

程。有次陈汉章一上课就拿着胡适的讲义笑不可抑,他说:我说胡适不通,果然不通,只看他的讲义的名字就知道他不通。哲学史就是哲学的大纲,现在又有哲学史大纲,岂不成为大纲的大纲,不通之至。

【编者注】:陈汉章,1864—1938,字云从,别号倬云,浙江象山人。著名学者。

胡适在1933年12月30日的日记中记载:"今天听说,《大公报》已把'文学副刊'停办了。此是吴宓所主持……此是'学衡'一班人的余孽,其实不成个东西。至于登载吴宓自己的烂诗,叫人作恶心"。

中原大战前，冯玉祥的秘书雷嗣尚等人曾经编写了一个名为《阎王登殿》的剧本，讽刺阎锡山及其部下。当"阎王"出场前，"起霸"的四员大将分别是商震、傅存怀、马凌甫、赵戴文。商震登场的引子是，"大将南征胆气豪"，指代1918年时，商带一旅人马参加皖系南征，在湖南境内被打得全军覆没。第二个上场的傅存怀，念的是，"紫荆关外把名标"，讽刺其在一次内战中，仅以身免。山西民政部长赵戴文兼任保安司令，据说在一次阅兵时，将指挥刀错挂在身体右侧，拔不出来，因此在戏中，他的开场白是："俺，将军右挂指挥刀"。

【编者注】：商震，1891—1978，字启予，祖籍浙江绍兴。晋绥军早期将领，抗战胜利后，任中国驻联合国军事参谋处首席代表。1949年后定居日本。

傅存怀，1888—1949，字少芸，山西忻县人。晋绥军将领。

马凌甫，1884—1970，名步云，陕西合阳人。辛亥革命元老。

赵戴文，1866—1943，字次陇，山西五台人。阎锡山的军师，民国期间，山西军政两届人物基本都是他的学生。

有人问章士钊何以紧跟段祺瑞，章士钊回答说："人是要吃饭的！"民众声讨段、章，章士钊被逐下台后到天津日租界续办《甲寅》周刊，承认从政失败。章士钊进入段内阁后，他的新老朋友纷纷宣布和他分道扬镳。吴稚晖就说章士钊此举简直跌入了"粪坑深处"，登报发表《友丧》。胡适说"老章又叛变了"，沈尹默宣布与章士钊绝交。鲁迅嘲笑章士钊"陋弱可晒"。陈独秀的讽刺就更为辛辣："我更为章士钊辩护了，办理《甲寅》周报的股款，都被章士钊送到交易所了。现在不恭维段祺瑞，这周报那来的经费出版，而且教育总长的位置又如何保得住？"

梁启超挽李鸿章联曰："太息斯人去，萧条得泗空，莽莽长淮，起陆龙蛇安在也？回首山河非，只有夕阳好，哀哀浩劫，归辽神鹤竟何之。"

黎元洪

严复挽李鸿章联曰:"使当日尽用公言,成功必不至此;若晚节无此自见,士论又当如何。"

黎元洪在预辞正式总统的电文里说:沈机默运,智勇深沉,洪不如袁项城(袁世凯);明测事机,襟怀恬旷,洪不如孙中山;艰苦卓绝,一意孤行,洪不如黄善化(黄兴)。

张之洞对黎元洪极为赏识,曾手书"智勇深沉"的条幅相赠,并向朝廷褒奖他"忠勇可靠,堪当重任"。

豪横强梁

吴佩孚参加乡试后，到电报局打听考试结果。问电报局职员：有没有吴佩孚。职员很不耐烦答：不知道。为什么非得有吴佩孚。吴大怒，痛打该职员。此事被检举到学官处，吴被打20戒尺。经此一事，吴一怒之下，投笔从戎，到聂士成麾下入伍。中国少了一位秀才，多了一位大帅。

【编者注】：聂士成，1836-1900，字功亭，安徽合肥人。清末将领，早年参加淮军，身经平太平天国、平捻、中法、甲午诸役，庚子之役中殉国。

民国成立，有人劝张勋把辫子剪了。张答：辫子等于我的脑袋，什么时候脑袋掉了辫子才能掉。

吴佩孚幕僚曾提醒他，要当心冯玉祥。吴满不在乎道：孔明在，魏延不敢反。结果最终被冯玉祥发动北京政变而打倒。

抗战期间，记者采访吴佩孚对时局的看法。吴答道：我主张，日本人和蒋介石都退兵，中间地带由我来主持，我已就此事给日本天皇写过信了。虽以在野之身，豪横仍不减当年。

北伐军逼近平津，奉系在关内的统治岌岌可危。日本趁机逼张作霖在郭松龄反奉时双方约定的密约上正式签字。张勃然大怒，拒绝接见日本公使芳泽，并破口大骂：日本人不够朋友，竟在人家危急的时候掐脖子要好处。我不能出卖东北，以免后代骂我是卖国贼。我什么也不怕，这个臭皮囊早就不想要了。两天后，1927年6月4日凌晨，张的专列行至奉天皇姑屯车站时，被日军预先埋好的炸弹炸死。

庚子西狩时，前来护驾的岑春煊奉慈禧懿旨整顿军纪，凡有散兵游勇打家劫舍者，杀无赦。一日，岑见到队伍中有个太监骑着一头驴，当即将其正法，很明显驴为民间之物。这种擅杀内官的行为，是非常少见的。李莲英非常不满，慈禧知道后未知可否。王公大臣也为之侧目，虽然都感到岑的嚣张跋扈，但是军纪也因此而有所好转。

【编者注】：岑春煊，1861—1933，字云阶，广西西林人。历任清代四川总督、云贵总督、两广总督等职，民国后曾担任护法军政府总裁。

为德国公使克林德被杀一事，清廷特派醇亲王载沣赴德谢罪。德皇威廉要求载沣觐见时必须行跪拜大礼。载沣据理力争，称世界各国使节觐见彼此元首时从没有行跪拜礼的，如果传出去，反为德国之耻。经过反复交涉，德皇被迫同意，行三鞠躬礼。

岑春煊

直皖战争的胜利奉系是有功的，但在战后各种利益分配中，双方都认为对方占了便宜，而自己没能得到应得的好处。战争即将结束时，张作霖抢先将皖军遗留的军械辎重等物品全部囊括，其中有两只空军探照灯曾为直军获得，张作霖毫不留情地要了回来。曹锟气得不停地说："张雨亭真是地道的胡子，得那些东西还不够，连这两个灯还要。"

良弼与铁良、溥伟等人组织"宗社党"，反对南北议和、清帝退位。后遭彭家珍刺杀，被炸断一条腿。日本军医为他治疗，良弼拒绝用麻醉药，忍痛将一腿齐膝锯下。医生劝他用一点儿麻药以减轻痛苦，良慨然叹道：国痛尚可忍，何在一腿。但是锯掉一条腿，仍然没能保住性命。满洲铁骑仅存的些许彪悍，也在炸弹声中灰飞烟灭了。

【编者注】：良弼，1877—1912，字赉臣，爱新觉罗氏，满洲镶黄旗人。宗社党首领，因反对共和，被炸死。

铁良，1863—1939，字宝臣，穆尔察氏，满洲镶白旗人。宗社党首领。曾任陆军部大臣等职。

溥伟，1880—1936，爱新觉罗氏，满洲正黄旗人。恭亲王奕訢嫡孙。宗社党首领。

宗社党，辛亥革命后，清皇族中的顽固分子组成的集团，反对共和、企图维持清朝统治。

彭家珍，1888—1912，字席儒，四川金堂人。辛亥革命烈士。武昌起义后，刺杀强硬派满洲贵族良弼，当场牺牲。

直皖战争中，皖系战败，段祺瑞下野回到天津，住在吴光新家里。食素修佛，不问时事。经常和朋友下下棋，晚饭后打八圈麻将作为消遣。曹汝霖去探望时，见段不是下棋就是念佛，偶尔吟诵诗词，心静神怡，丝毫不见得失之色。

【编者注】：吴光新，1875—1939，字自堂，江苏宿迁人。北洋皖系将领，段祺瑞内弟。

吴光新

段祺瑞下野后，经济上略显拮据。王辑唐、曹汝霖、陆征祥等人凑了20万元送给段补贴家用。段祺瑞不肯接受，称：安贫乐道，人所应为，我家俭省，尚可敷衍，何可白受人钱。请王代为感谢。王辑唐再三劝段收下。段无奈，说道：既然如此，我尚有井陉正丰矿股票，可照数送与诸君，作为诸君收买股票，帮我的忙好了，我也可安心。

【编者注】：王辑唐，1887—1948，原名赓，字一堂，号辑唐，安徽合肥人。北洋时期，安福系核心人物，七七事变后，附逆投敌。抗战胜利后，被国民政府处决。

陆征祥，1872—1949，字子欣，上海人。中国近代著名外交家，曾作为中国代表出席巴黎和会，拒绝在巴黎和约上签字。

有次，张作霖到旅大访问。日本人趁机向张吹嘘日本在旅大的成就："看过我们在旅大的成就后，你们一定不想收回了。"张答道：正好相反，我今天看过后，就更想收回来了。

袁世凯复辟后，发布的第一道命令，就是册封副总统黎元洪为武义亲王。黎身边幕僚为此争论不休，黎元洪沉思良久，大声说道：你们不要多说了，我已决定，坚决不能接受册封，即便牺牲个人,亦所甘心。

袁世凯、黎元洪为儿女亲家,逢年过节双方相互都会有礼物馈赠。袁复辟称帝后那年,送给黎元洪的礼物上贴着"赏武义亲王"的红纸。黎看后,大怒,坚决不收。第二天,袁改用"姻愚弟"字样,黎元洪才命人收下了礼物。

孙中山得知汪精卫准备赴北京刺杀摄政王载沣后,连发急电阻止。汪答:弟虽流血于菜市街头,犹张目以望革命军之入都门也。

五四运动爆发时,吴佩孚站在学生一边,发表通电:大好河山,任人宰割,稍有人心,谁无义愤?彼莘莘学子,激于爱国热忱而奔走呼号,前仆后继,草民击钟,经卵投石,其心可悯,其志可嘉,其情更可有原!

溥仪的母亲曾经对其弟溥杰说:你父亲在辛亥革命后,从宫中回到家里,神情不变地对我说,这下就好了,我也可以回家抱孩子了。我听后大哭了一场,你长大了以后,可不要像你父亲那样没志气。要好好地念书,帮助你哥哥。

戊戌政变后,慈禧准备废掉光绪皇帝,征求意见时,荣禄表

溥仪（中）逊位后，在宫中与溥杰（左）等合影

示:"如果一定要谈废立一事,请先斩臣"。慈禧无言以对,废立一事遂作罢。

左宗棠赴福建抗法前线,路过天津,与直隶总督李鸿章谈到协饷一事,不欢而散。左对身边人感叹道:"老啦,不能像往年那样抬杠了。在天津抬不过李老二(编者:李鸿章行二),到江南,不跟曾老九(编者:曾国荃行九)抬杠了。"曾国荃时任两江总督,两人见面唏嘘不已。左道:"老九之兄去世了,我就是老九之兄"。曾答:"福建协饷一事,就是我的事"。席间,左问曾,成功之道。曾答:"挥金如土,杀人如麻。"左大笑:"我早就说过老九才气远胜乃兄"。

【编者注】:曾国荃,1824-1890,字沅浦,湖南湘乡人。湘军将领,曾国藩九弟,率湘军攻克天京。因善于掘壕围城作战,长期围困天京达两年之久,号称"曾铁桶"。

1919年,徐树铮出任西北筹边使后,成立了边业银行。第二次直奉战争中奉系获胜,张作霖进驻天津,改组成立新边业银行。发行新票之前,银行把角票样子送张作霖过目。张看后说:咱们发行票子,要凭天良,不能坑人,票子上要盖上"天良"戳子(意思是要十足兑现,不能坑害百姓)。因此边业银行在收购回来的旧边业银行钞票上和新印的一二角辅币券上，都加盖有"天良"二字的红色戳记。

顾维钧认为，只有北洋政府老外交界的人才是办外交的内行，其余任何人都是外行。他虽然做了国民党的官，却对国民党始终看不起，任驻法公使时很少接近国民党驻法的负责人。

1927年2月间，蒋介石曾密令第一师师长薛岳收缴上海总工会枪械，解散总工会。薛曾对人说，这是伤天害理的事情，不能干。不久，薛岳挂冠而去，回到广东。

【编者注】：薛岳，1896—1998，字伯陵，广东乐昌客家人。国民党高级将领，绰号"老虎仔"。早年，与叶挺、张发奎，分别担任孙中山警卫第一、第二和第三营营长。抗战期间，成功指挥了三次长沙会战。1949年后去台。

张作霖被清政府招安后，任管带，驻扎在奉天（今沈阳）附近新民府。当地有日本人开设的娼馆，张部士兵去冶游时，与人发生冲突，被打死了两个。张作霖得知后大怒，一定要对方交出凶手，以命抵命。后日方只赔偿亡者每人白银500两。于是张便领人，到日本妓院打死了日本人，赔偿日方1500两白银。后经交涉，张部调防至辽源。

吴佩孚有一个怪癖,如果遇到什么事,你越劝他,他越不听,你说一句,他驳一句。如果写字条给他,他一定耐心看完。

朱执信对于革命忠贞无私,孙中山以下国民党人无不畏服。朱庆澜辞去广东省长的时候,广东省议会选出胡汉民为省长。朱执信质问胡汉民:你为什么要做省长,胡答:不是我想做省长,是他们选举我。朱说:你不想做,为什么会选你。他们怎么不选我。胡后来对大家说:执信与我几十年交情,尚来冤枉我,我真想同他一起跳海去。结果胡汉民不敢就职。省议会只好另外推举李耀汉任广东省长。

张作霖好赌。有次与倪嗣冲推牌九,张一下子输了近百万,只好拿财政部给的国库券还赌资。倪不收,张第二天派参谋拿着国库券找到财政总长曹汝霖,称大帅有急用,情愿贴现兑款。曹以未到期为由拒付。参谋大声说这是大帅的命令。曹大笑道,你们大帅还不能命令我。参谋将一大包国库券扔在曹的办公桌上,扬长而去。曹汝霖立即写了一张便条,派人将国库券送回,称有个参谋来我这里办事,走时遗忘了一包文件,特送上请检收。

【编者注】：倪嗣冲，1868—1924，字丹忱，安徽阜阳人。北洋皖系将领。

张勋复辟失败后，曾表示：段芝泉（编者：段祺瑞字）可以打我，只有他是劝我不要干的，其他人都不配。张进京前，曾有很多人包括冯国璋都支持其复辟。

宋教仁接到袁世凯邀其北上的急电后，有人嘱咐他小心，宋坦言道："吾一生光明磊落，平生无宿怨无私仇，光天化日之政党竞争，安有此种卑劣残忍之手段！"

张作霖参加东三省陆军学堂毕业典礼，秘书事先给他准备了讲话稿，可是没说几句，抛开稿子自己讲了起来：你们知道当今天下的潮流吗？中国是谁的，就是咱们的！你们毕了业，就可以当排长，不久就给你们升连长，还可以升团长。只要好好干，不贪生怕死，有功我必赏，干得好，我除了老婆子不能给你们外，什么都会给你们的。

1924年，吴佩孚寿辰时，曾作诗一首：欧亚风云千万变，英雄事业古今同。花开上苑春三月，人在蓬莱第一峰。豪横之情，溢于言表。

曹锟被囚延庆楼后，王坦去看望他。曹神态很镇定，徐徐对王道：当时你们大家把我拥戴出来，这时又由大家把我看管起来，怎么办都可以，我没什么说的。

1939年，汪精卫请吴佩孚到日本华北方面军总司令官邸会面，商谈合作事宜。吴答：咱们是中国人，谈的是中国事，要谈就该去中国人的家里谈。以示拒绝。

民国成立后，孙中山、黄兴都曾经劝袁世凯加入国民党，均遭拒绝。袁曾向柏文蔚表示，自己之所以拒绝加入政党，是因为：入甲党，则乙党为敌；入乙党，则丙党为敌；实不敢以一己之安，而起国中指纷扰。昔英国有女王终身未嫁，人问之，则曰：吾以英国为夫。鄙人今日亦曰：以中华民国为党。

【编者注】：柏文蔚，1876—1947，字烈武，安徽寿县人。辛亥革命后，曾任安徽督军，参与二次革命，与李烈钧、胡汉民合称党人三督。

宋教仁被刺后，应桂馨逃出上海，结果被袁世凯派人刺死在火车上。赵秉钧得知后非常气愤，当即打电话给袁称：如此下去，谁还肯为总统做事。并下令通缉刺杀应的凶手。不久后，袁派人将赵毒死。

【编者注】：应桂馨，—1914，浙江鄞县人。青帮大字辈首脑，陈其美亲信，宋教仁被刺案的主要嫌疑人。

赵秉钧，1859—1914，字智庵，河南汝州人。北洋政府国务总理，中国近代警察制度的开创者。宋教仁被刺案后不久，中毒而亡。

冯玉祥去见张作霖之前，把胡子剃掉了。身边人问他为什么。冯说：胡子（东北称土匪为胡子）不能要，非去掉不可。见面后，张作霖对冯说：咱们收买的人，不能和起义的人相提并论，以讥讽冯玉祥倒戈。

北京政变后，孙中山到京与张作霖、段祺瑞共商国是。张对孙说：我是粗人，坦白而言，我是捧人的，今天能捧段，明天就能捧孙，唯我是反共产，如共产党，虽流血不辞。

东北易帜前，日本极力阻挠，驻沈阳总领事林权助曾找到张学良，正式提出反对东北易帜。张表示，虽然和国民革命军打过仗、交过手，但是我很佩服他们。我现在还没有和他们有来往，我还不能断定。好在这些都是我们自己家里的事，换句话说，这是我们的内政，我想我们的邻邦并且也是我们的友邦，对我们家里的事情不会太感兴趣吧。

居正被扣押在南京后，其夫人向蒋介石求情。蒋要居正写悔过书才可以考虑释放。居夫人答：居有人格，你不配如此逼迫他。言罢，拂袖而去。

林觉民被捕后，受到严刑拷打。林毫无惧色，慷慨陈词道：死有何惧？我等莽撞书生奋起一击，偌大一个广州城，如入无人之境，唤醒亿万炎黄胄裔，两广必为之一振，天下必为之一振。从此，朝廷兵马不足道，天子王法不足惧，虽头断血流，暴尸街头，但华夏大地少了一干英杰，黄泉路上多了一群鬼雄。我等一死，死得其所！血洒神州，快哉快哉！

李宗仁说道：我们也应该说一句公道话，便是汪兆铭（编者：汪精卫字）当了汉奸，却没有做积极破坏抗战的勾当。例如汪氏投敌后，以前与汪氏渊源最深的国军将领，如第四战区司令长官张发奎和第五战区内第十一集团军总司令黄琪翔，都是抗战阵营中的柱石。然终汪之世，未尝作片纸只字向张、黄等招降。足见大义所在，纵是卖国贼也颇觉不为已甚，而自我抑制。

抗战期间，费正清来华，发现中国知识分子的生存状况极其恶劣，便想通过官方渠道请求美国政府援助。于是，一个叫做"中国救济联合会"的组织于1943年秋开始实行一项计划，其中包括以500-1000美元的现款帮助一部分学者去美国访问。蒋介石获悉这一计划后，认为中国学者不应接受美国施舍为由，实际上予以否决了。

吴佩孚被北伐军打败后，拍电报给四川军阀杨森说："我已无路可走，不论你允许与否，我都只有入川一途了。"从此，吴佩孚流亡入川，受到杨森的庇护。直到1931年春，蒋介石已巩固了自己的政权，才允许吴佩孚离开四川。吴佩孚屡次兵败，已心灰意冷。在结束了四年流寓生活后，同年秋，应张学良以子侄身份的邀请定居北平，住在张学良赠送的东四什锦花园胡同的大宅院，每月接受张学良馈赠的4000元维持生活。

袁世凯死后，黎元洪与段祺瑞一起进金匮石室查看。黎元洪说，上面一定有芸台（编者：袁克定字）的名字。有一固封木盒，打开后，看到袁世凯亲笔写在红纸上一共有三个名字：黎元洪、徐世昌、段祺瑞。段看了之后慨然长叹一声。可见袁世凯虽然称帝，但还没有家天下之心。

【编者注】：袁克定，1878—1958，字芸台，河南项城人。袁世凯长子。

宋希濂说：东征淡水之役第一次上战场，心里不免有些紧张。当时挑奋勇队，他犹豫了一下，便被别人报了名，没有赶上。但经过这次战役后，胆子就大了起来，在以后的多次战争中，一接到进攻的命令就向前猛打猛冲，再也没有出现过情绪紧张的现象。

【编者注】：宋希濂，1907—1993，字荫国，湖南湘乡人。国民党将领，早年曾参加过共产党。1949年被中国人民解放军俘虏。

吴俊升与张作霖是结拜兄弟。吴升任黑龙江督军后，给张作霖拜年时，给张学良等子侄辈一人5000块压岁钱。张作霖见给这么多钱很不高兴。吴忙解释说：大帅，我的钱，我的一切都是你给的。张立刻绷起脸来：你不要给他们钱，你回到黑龙江好好做事，不要让黑龙江老百姓骂我的祖宗。

【编者注】：吴俊升，1863—1928，字兴权，辽宁昌图人。奉系将领，绰号"吴大舌头"。与张作霖同时在皇姑屯事件中殒命。

张学良与部下郭松龄关系非常好。张作霖曾说张学良：你除了老婆不给郭茂辰（郭松龄字）睡，就是吃个水果也要给他一块。

汪精卫对人表现得非常谦恭，时人都认为汪非常虚伪。1931年5月，年仅20多岁的《大公报》记者徐铸成采访汪精卫后，汪不仅送徐出门，还亲自为徐打开车门，恭送如仪。

谭延闿因文人出身就任湖南都督，手下的骄兵悍将多不服气。谭利用机会，尽力表现出自己是文武兼备之才。广西宣布独立后，王芝祥率领广西军赵恒惕一旅人马北上路过长沙，湖南将领仰慕王的射击技术，请他到靶场献技。王连发10弹，7弹命中靶心，立时掌声雷动。谭延闿不声不响的走过去，接过王的枪，众人都等着看他的笑话，结果谭连发10弹，全部命中，观者为之骇然。

【编者注】：谭延闿，1880—1930，字祖庵，湖南茶陵人。曾任南京国民政府主席。

王芝祥，1858—1930，字铁珊，北京通州人。曾任南方军宣慰使。

赵恒惕，1880—1971，字夷午，湖南衡山人。早年加入同盟会，后任湖南省长等职。1949年去香港，后去台。

段祺瑞酷爱围棋，经常请著名棋手与其对弈。顾绥如回忆说：

陪段下棋，要有一定的本领，每盘要"恰到好处"，只输给他半子。对方赢了，他自然不高兴；对方输了，会被他看不起。

【编者注】：顾绥如，民国著名棋手，吴清源即是他发现的。

李鸿章去世前遗诗一首："秋风宝剑孤臣泪，落日旌旗大将坛。海外尘氛犹未息，诸君莫作等闲看。"

文人风骨

马相伯晚年,对来访的胡愈之说,我是一条狗,只会叫,叫了100年,也没有把中国叫醒。

【编者注】:马相伯,1840—1939,著名教育家,蔡元培、于右任、邵力子等人均出自其门下。

胡适曾于30年代初撰文,建议国民党政府将东北划出一个省,交给中共试验其治国方略,如成功,可以在全国范围内推广。囿于当时的政治环境,这篇宏文未能公开发表。

1928年以后,清华大学对中外教员同工同酬,取消了外国教员的特殊地位。有个教音乐的外国教员,上钢琴课的时候,对一位女学生有不正当的表示,清华大学立刻将其辞退。该教员以合同期限未满为借口,并以找美国公使为要挟。清华大学不理这套,他最后离校了事。

徐复观受蒋介石委托,带着一张100万元的支票前去看望熊十力。熊十力对徐复观大吼:"你给我快走!蒋介石是狗子,是王八蛋!我怎么能用他的钱!你快拿着走!"蒋介石后来又两次赠巨款,资助熊他筹办研究所,熊十力都辞而不受。他说:"当局如为国家培元气,最好任我自安其素。"

【编者注】:徐复观,1903—1982,名秉常,字佛观,现代新儒家代表人物之一。曾任蒋介石侍从室机要秘书。1949年去台。

熊十力,1885—1968,湖北黄冈人,新儒家开山祖师。

沈荩下狱那个月正值光绪帝生日,刑部接旨,"万岁月内例不行刑,著即日立毙杖下,钦此。"刑部为此特制了一块大木板,打了二百多下,直打得血肉飞裂,骨头如粉,他都未出一声。行刑者都以为他死了,不料血肉模糊的他发出声音:"何以还不死,速用绳绞我。"最后只能用绳子将他活活勒死。据说,这个牢房不久前还关押过原广西提督苏元春与名妓赛金花,刑部司员因此戏成一语,作上联:儿女英雄流血党。迄今尚无下联。一年后,戊戌党人王照获罪下狱,恰巧也关在同一牢房,王照的《方家园杂咏纪事》回忆,"粉墙有黑紫晕迹,高至四五尺,沈血所溅也。"

【编者注】:沈荩,1872-1903,字愚溪。曾参加维新变法,长期担任记者。1903年沈荩因揭露中俄密约内幕被处死,是中国历史上第一个因新闻言论触怒政府而被杀的记者。

1914年,章太炎因不满袁世凯的独裁统治,遂前往总统府叫骂,并砸了总统府的家具。袁世凯只是将其软禁在龙泉寺,并每月

沈荩

提供500大洋作为生活费用，同时亲自规定了对章的八条保护准则，其中包括："饮食起居用款多少不计"，"毁物骂人，听其自便，毁后再购，骂则听之"，等等。

孙传芳拜访马一浮，马不肯见。慑于孙的淫威，家人劝马不必如此直白，不如以不在家为由拒绝。马却说："告诉他，人在家，就是不见！"孙传芳只好悻悻而去。

【编者注】：孙传芳，1885—1935，字馨远，山东历城人，北洋军阀。1935年被施剑翘刺杀。

马一浮，1883—1967，名浮，字一浮，浙江会稽（今浙江绍兴）人。现代思想家，与梁漱溟、熊十力合称为"现代三圣"。

傅斯年在1938年担任国民参政员时，曾两次上书弹劾行政院长孔祥熙，并最终在国民参政大会上把孔赶下了台，即便蒋介石说情也没有用。其后，傅斯年的一篇《这个样子的宋子文非走不可》，又将孔的继任者宋子文也赶下了台。一个国民参政员居然赶走两任行政院长，可以说是民国史上一大奇迹。

白崇禧聘请乔大壮当参议，事先讲明不管政务，只做些应酬文字。有一次，白崇禧将乔大壮的文稿改动了几个字。乔立即面见白崇禧，严厉指责："阁下是总参谋长，我是教授，各人自有一行。如果你能改我的文字，我也改你的作战计划，行不行？"白崇禧无言以对，只得把改过的文字又改了回来。

【编者注】：乔大壮，1892—1948，原名曾劬，字大壮。四川华阳（今四川双流）人。著名学者。

1948年，蒋介石企图对中央研究院院长人选施加影响，亲自写条子要"举顾孟余出来。"此举触怒了学界。选举前夕，担任评议员的学者聚会，陈寅恪大谈学术自由主义，主张"院长必须在外国学界有声望"，"我们总不能单举几个蒋先生的秘书。"他的意见得到了大家的一致赞同。学界的态度为蒋介石所知，他虽很不高兴，却又无可奈何，最终只得依据程序，由朱家骅代理中研院院长。

【编者注】：顾孟余，1888—1972，浙江上虞人。民国教育家、国民党"改组派"重要成员，曾任中山大学校长、中央大学校长，南京政府行政院副院长等职。1949年去台。

朱家骅，1893—1963，字骝先，浙江湖州人。民国教育家、政治家，早年参加同盟会，曾任中山大学校长、国民政府教育部长、国民党中央执行委员会秘书长、国民党特务组织中统负责人等职。1949年去台。

林白水主办的《公言报》曾披露北洋政府高官腐败的大量内幕，出版一年内导致数名高官被迫辞职，林自诩：颠覆三阁员，举发二赃案，一时有刽子手之称，可谓甚矣。

【编者注】：林白水，1874—1926，字少泉，福建闽侯（今福州）人。北洋时期著名记者，被张宗昌杀害。

蒋介石曾召见《申报》总经理史量才，要其注意舆论影响，并以：我手下有几百万军队，惹怒他们是不好办的为要挟。史答道：我有几十万读者，我也不敢得罪他们。

【编者注】：史量才，1880—1934，江苏江宁（今南京）人，著名报人，《申报》总经理，被国民党特务暗杀。

杜重远因《闲话皇帝》一文而招致牢狱之灾，沈钧儒得知消息后，极为愤慨，写道：我欲入山兮虎豹多，我欲入海兮波涛深，呜呼嘻兮，我所爱之国兮，你到哪里去了，我要去追寻。

【编者注】：杜重远，1898—1943，曾任辽宁商务总会会长。九一八后，积极投身抗日救亡。

康有为为人极自负，曾言道：吾学三十岁已成，此后不复有进，亦不必求进。

钱玄同、刘半农化名写文章在《新青年》杂志上批驳林琴南的复古谬论。胡适大为反对，认为化名写这种游戏文章，不是正人君子所为。

【编者注】：林琴南，1852—1924，名纾，福建闽县人。著名翻译家、文学家。曾翻译了大量外国文学名著，如《巴黎茶花女遗事》等，享有"译界之王"的美誉。五四后，抵制新文化运动，倡导古文。

1930年5月，阎锡山派乔万选任清华校长。乔万选乘车到达清华大门，被师生堵在门口无法入校，被迫知难而退，从此再无消息。

【编者注】：乔万选，1896—1938，字子青，山西清徐人，曾在东吴大学、中山大学等学校任教。抗战时期附逆。

吴南轩任清华校长不久，与师生严重对立。学生罢课，并派代表要求吴南轩引咎辞职。吴担心学生对其有"不礼"行动，竟然躲进东交民巷使馆区一饭店中，成立"国立清华大学办事处"。一时间平津舆论哗然，南京政府教育部也认为吴的举动有伤国家体面，让他辞职。

【编者注】：吴南轩，1893—1980，江苏仪征人。曾任清华大学校长、复旦大学校长。1949年去台。

罗隆基在清华时尤其喜欢参加学生运动，自诩为"九载清华，三赶校长"。当时清华是八年学制，罗因闹风潮最后留了一年。闻一多对此不以为然，说"那算什么，我在清华前后各留一年，一共十年"。闻因为没读过英文，在清华第一年因功课不及格留级一次，编入了1921年级，最后因闹风潮再留一年，所以有十年之说。

【编者注】：罗隆基，1896—1965，江西安福人。中国民主同盟创始人之一。五四时学生运动领袖。

钱锺书从清华大学外文系毕业后，学校有意让他留校在西洋文学研究所攻读硕士学位。钱锺书说：整个清华，没有一个教授有资格充当钱某人的导师。吴宓对他的自负最能理解，说到：学问和学位的修取是两回事，以钱锺书的才质，他根本不需要硕士学位。当然，他还年轻，瞧不起清华大学的现有西洋文学教授也未尝不可。

中央研究院选拔第一届院士的时候，关于是否将郭沫若列为候选人产生了争议。有评议员认为，郭站在共产党一边，其罪过甚至大过在沦陷区担任过伪职的学者。夏鼐仗义执言："中研院院士以学术贡献为标准，此外只有自绝于国人之汉奸，应取消资格。至于政党关系，不应以反政府而加以删除。"最后，反对国民党的郭沫若仍然高票当选。

【编者注】：夏鼐，1910—1985，浙江温州人。著名考古学家。

袁世凯当选为临时大总统后，国会依据中华民国临时约法，改总统制为内阁制，目的是为削减袁世凯的权力。袁世凯就职前一日，临时参议院议长林森看到了袁世凯的就职宣言稿，其中有迁就外国人以及伤及国体的语言，便写下意见，连夜入见袁世凯。林森当面向其提出就职宣言中的不当之处，袁世凯依言为之删改。第二天，袁世凯在就职大典上佩剑登场，林森当众上前阻止，说现在这里是代表人民的最高机关，不得携带武器参加庆典。请袁世凯解除佩剑，以崇法治。袁世凯当即为之变色，只得羞愧顺从。

【编者注】：林森，1868—1943，字子超，福建闽侯人。早年参加同盟会，曾担任国民政府主席。

袁世凯为拉拢宋教仁，曾赠宋西装、重金。宋教仁婉言相拒，并亲笔致信袁世凯：绨袍之赠，感铭肺腑。长者之赐，仁何感辞。但惠赐五十万元，笑不敢受。仁退居林下，耕读自娱，有钱亦无用处。原票奉璧，伏祈鉴原。

曾昭抡留美回国后，任中央大学化学系主任，向来不修边幅。有次朱家骅到中央大学召集各系主任开会，因不认识曾，得知他是化学系的之后，又见其穿的破破烂烂，朱对曾说：去把你们系主任找来开会。曾昭抡没有说话，转身回宿舍收拾行李就离开了中央大学。

【编者注】：曾昭抡，1899—1967，湖南湘乡人。曾国藩胞弟曾国潢之曾孙。化学家。

1935年11月，蒋梦麟与北平各大学校长教授联名发表宣言，反对华北"自治运动"。为此日本宪兵"请"蒋梦麟去东交民巷的日本兵营进行解释。一个日军大佐居然想把他挟持到大连。面对这种危险局面，蒋梦麟冷静地说："如果你们要强迫我去，那就请便吧——我已经在你们掌握之中了。不过我劝你们不要强迫我。如果全世界人士，包括东京在内，知道日本军队绑架了北京大学的校长，那你们可就要成为笑柄了。"日寇最后只得作罢。

【编者注】：蒋梦麟，1886—1964，字兆贤，号孟邻，浙江余姚人。著名教育家。曾任国民政府教育部长，长期担任北京大学校长。1949年去台。

罗家伦认为，段锡朋身上既有儒家气象，又有墨家传统。段因积劳成疾，住进医院后，为了节省开支，他只肯住三等病房。病危期间，医生用氧气进行抢救。段知道氧气需要进口，便一再请求："外汇，少用一点"，令在场的人无不感动。因此罗家伦有"亦儒亦墨亦真诚"褒扬段的品行。

【编者注】：段锡朋，1896—1948，字书诒，江西永新人。五四运动学生领袖。曾担任国民政府教育次长，国民党中央执行委员。

1930年秋，国民党某省政府改组，一个北大毕业生请蔡元培向蒋介石推荐自己，并托老同学联名致电蔡先生促成。蔡很快回电，只有一句话：我不长朕即国家者之焰。

五四后，蔡元培之所以辞职，主要是考虑到被捕的学生虽然得到保释，但是学生们抱着再接再厉的决心，北洋政府方面也持不做不休的态度。而且北京城内谣传政府要免去他的校长职务。这样一种情况下，蔡元培担心因此增加学生与政府的对立程度，而且自己也有可能蒙上运动学生保持地位的嫌疑，因此一面辞职，一面秘密出京。

1928年，蒋介石北伐成功后，改中华民国五色旗为青天白日满地红旗。章太炎拒绝承认南京政府，认为真正的中华民国已经亡了，因此以"中华民国遗民"自居。章去世时，家人遵其嘱，用五

五四运动中被捕的学生获释返校时留影

色绸缎为其入殓,拒绝用青天白日满地红旗。

蔡元培与胡适关系很好,但两人对红学研究却持不同观点。蔡为"索引派",胡为"考据派"两人常为此辩论。胡适为搜集材料驳倒蔡,四处寻找一本清朝人写的《四松堂集》,但始终未能如愿。最后,竟然是蔡元培帮他找到了该书。

西安事变爆发时,清华大学的教授几乎一致反对。闻一多、朱自清、冯友兰、张奚若、吴有训、陈岱孙、萧公权等被推举为起草

1936 年 12 月 18 日,上海《大公报》发表题为《给西安军界的公开信》的社评,极力主张和平解决事变

电报与宣言的7人委员会成员。在《清华大学教授会为张学良叛变事宣言》中称，"同人等认为张学良此次之叛变，假抗日之美名，召亡国之实祸，破坏统一，罪恶昭著，凡我国人应共弃之，除电请国民政府迅予讨伐外，尚望全国人士一致主张，国家幸甚。"执笔者，正是日后"宁肯饿死，不食美援"的朱自清。闻一多说："真是胡闹，国家的元首也可以武装劫持！一个带兵的军人，也可以称兵叛乱！这还成何国家？""国家绝不容许你们破坏，领袖绝不许你们妄加伤害！"

闻一多说，《中国之命运》一书的出版，在我一个人是一个很重要的关键。我简直被那里面的义和团精神吓一跳，我们的"英明的领袖"原来是这样想法的吗？五四给我的影响太深，《中国之命运》公开向五四挑战，我是无论如何受不了的。

【编者注】：《中国之命运》一书，由蒋介石授意，陶希圣执笔，1943年出版。该书重点强调只有国民党、三民主义才能救中国。

辜鸿铭是保皇派，却在五四运动中要与蔡元培同进退。他说："现在的中国只有两个好人，一个是蔡元培，一个是我。我不跟他同进退，中国的好人不就要陷入孤掌难鸣的绝境吗？"他解释说，

"蔡先生点了翰林后不肯做官就去革命,到现在还是革命;而我自从跟张之洞做了前清的官以后,到现在还是保皇,这种人哪儿有第三个?"

1948年6月,朱自清在抗议美国扶植日本和拒绝领取"美援"的宣言上签字,不仅家中经济困难,而且身体也极为衰弱,6月11日称体重,只有38.8公斤。

庚子年间,袁昶临死前,峨冠博带,跪在菜市口,对刽子手笑着说,"且慢,待我吟诗一首"。而后朗声吟诵道:"爽秋居士老维摩,做尽人间好事多。正统已添新岁月,大清重整旧山河。功过吕望扶周室,德迈张良散楚歌。顾我于今归去也,白云堆里笑呵呵"。呵呵二字还未念完,屠刀已经砍了过来。

【编者注】:袁昶,1846—1900,字爽秋,浙江桐庐人。清末官员、学者,因反对清廷借助义和团排外,被处死。

辜鸿铭参加一次大型宴会时,遇到外国记者提问"如何稳定中国政局?"面对满场的北洋政府官员,辜昂然答道:"办法很简单,把现在座中的这些政客和官僚,统统拉出去枪毙掉,中国的政局就会安定些。"在座的官员们听了大为咋舌而不敢与他辩驳。

袁世凯说：张中堂（张之洞）是做学问的，我学问不行，我是做事的。辜鸿铭听后勃然大怒："老妈子倒马桶，固用不着学问；除倒马桶外，我不知天下有何事是无学问的人可以办得好。"

胡适拒绝刘半农参与编辑《新青年》，要由自己一个人来独自完成。沈尹默等人反对，表示：要么大家都不编，还是交给陈独秀一个人来编。周氏兄弟（鲁迅、周作人）甚至表示：你来编，我们都不投稿。胡适只好放弃了自己的想法。

旧北大英文教员徐敬侯（后来担任预科学长），一开口总喜欢说"我们西国"如何如何，在教务会议上也讲英语，大家都跟着讲。有一次，沈尹默说：我固然不懂英语，但此时此地到底是伦敦还是纽约。以后你们如果再讲英语，我就不出席了。此后，开会讲英文之风气，有所收敛。

1928年，张继就任北平政治分会主任，到清华大学视察后，表示不满说：清华有这么考究的房子，这样好的房子，一年花了这么多钱，却没有造就出一个有用之才，试看，我们的中央委员、各部部长中有哪一个清华毕业的。学生们听了之后，非常愤慨，学生会主席张人杰当场就列举了清华大学毕业生在科技、工程、建筑等方面的优秀人才，然后说：就连国民党总理孙中山先生的陵墓的建筑图案也是清华毕业生设计的。如果人才是指党棍、官僚，清华的确一个也没有。登时，学生中爆发出雷鸣般的掌声。张继满脸通红，立即承认自己"失言"。

【编者注】：张继，1882—1947，字溥泉，河北沧县人。国民党元老，西山会议派。

袁世凯隐居洹上村时，准备让他的儿子克瑞、克权兄弟俩到天津南开中学读书。并说明愿意捐 3000 元给学校，但是两个儿子上学要带戈什哈（满语，随从）。南开中学校长张伯苓得知后，断然予以拒绝。袁只好将儿子送入新学书院学习。

1934 年，张学良以副总司令的身份代替蒋介石主持豫鄂皖三省"剿匪"总部期间，曾到武汉大学视察。张刚从轿车里出来，还没来得及上台阶，所有大楼的窗户全打开了，每个窗子里都探出几个人头来，高喊"不抵抗将军，快打回东北去"。喊完，窗子又都关上了。张脸色煞白，稍镇定后，嘱咐随从人员，此事不要追究，而后转身上车而去。

张东荪在上海光华大学任文学院院长时，每次校务会议开会时，主持人都要恭读总理遗嘱，张东荪对此很不高兴，遂夺门而出，并声言："下次再读遗嘱，我就不来了。"

【编者注】：张东荪，1886—1973，原名万田，字东荪，浙江杭州人。现代哲学家，社会活动家。

在清华一次反内战反饥饿的学生运动中，教授们纷纷发表意见。陈寅恪教授说："罢课既经决定，即须遵守，一致行动。"张岱年教授说："今天内战的性质，是买办阶级反人民残暴的战争……知识分子无论如何应该做抗议的表示……"陈福田教授说："我对目前物价飞涨所感受的威胁，完全和你们一样。这基本的原因是内战。对你们的行动，我很同情。"

【编者注】：张岱年，1902—2004，河北献县人。著名哲学家。
陈福田，1897—1956，出生于美国夏威夷。著名学者，曾任清华大学、西南联大外文系主任。1948年赴美。

蒋介石曾问教育部长王世杰："罗志希（罗家伦）很好，为什么有许多人批评他、攻击他，这是什么原因？"王回答："政府中和党中许多人向他推荐教职员，倘若资格不够，他不管是什么人，都不接受，因此得罪了不少人。"

蒋介石所著《西安半月记》，是陈布雷代笔的。据说，陈在写作过程中心中有苦难言，又无从发泄，就拿笔来出气，笔头一连被戳断了好几支。陈夫人劝其不要过于生气，他说：你什么也不懂，叫我全部编造谎言，怎能不动火。

【编者注】：陈布雷，1890—1948，名训恩，笔名布雷。浙江慈溪人。早年加入同盟会，后任蒋介石侍从室第二处主任等职，蒋的大部分重要文章、讲话，均出自陈之手，有蒋介石的"文胆"之称。1948年，因对国民党政府绝望自杀。陈的葬礼上，蒋亲自为其题写匾额"当代完人"。

抗战期间在重庆，有人劝陈布雷工作之余去看看戏，调剂一下生活。陈答道：我不能走路，现在汽油困难，坐车去戏院，人家不讲话，自己也难为情。

端木正回忆，在西南联大时，滇缅军副总司令关麟征见张奚若生活清苦，派人送去米、面、毯子，结果张坚决不收。端木正问缘由，张答，关麟征是陕西老乡，在北平相识时是个团长，地位不太高，见了面执礼甚恭。"现在不同了，看我住的地方不如清华园，就送吃的用的给我，我怎么能收呢？什么司令，派头大了，有什么了不起，教书的人就是能安贫乐道，不稀罕这点东西。"

【编者注】：端木正，1920—2006，安徽安庆人。国际法专家。

张奚若，1889—1973，陕西大荔人。著名民主人士，政治学家。

关麟征，1905—1980，陕西户县人。国民党将领，抗战期间，在台儿庄战役中，因指挥得法、作战勇猛，获"关铁掌"美誉。1949年去台。

内阁总理唐绍仪出走后，蔡元培作为教育总长向袁世凯辞职，袁表示：我代表四万万人请总长留任。蔡答道：我也代表四万万人请总统准予辞职。

林白水在《社会日报》发表《官僚之运气》一文，将潘复和张宗昌二人比作"肾囊和睾丸的关系"。潘复到张宗昌面前哭诉，要求一定置林白水于死地。不久，林即被枪决。

【编者注】：潘复，1883—1936，山东济宁人。北洋政府末任国务总理。

张宗昌，1881—1932，字效坤，山东掖县人。北洋军阀。1931年被韩复榘派人暗杀。

在现场

袁世凯宣誓就任大总统,按照《临时约法》规定,誓词内容为:余誓以至诚执行大总统之职务,谨誓。袁先高声念"余","誓以至诚"四字则声音若不可闻,"执行大总统之职务"一句又宏亮有力,到最后"谨誓"二字时,声音又低了下来。其司马昭之心可见一斑。

隆裕太后临终前,只有宣统、世续和几个宫女在身边。她对世续说:"孤儿寡母,千古伤心,宫宇之荒凉,不知魂归何处"。又对宣统道:"你生在帝王家,不明世事,而国亡母丧,茫然不知。"

【编者注】：世续，1852—1921，字伯轩，索勒豁金氏，满洲正黄旗人。清末军机大臣。

隆裕太后去世，袁世凯亲自戴黑纱致哀，并通令全国下半旗一天，文武官员服丧 27 天，全体国务委员致祭。而后，又在太和殿举行了所谓的国民哀悼大会，由参议院吴景濂主祭。军界也举行了全国陆军哀悼大会，领衔的是袁心腹大将段祺瑞。

【编者注】：吴景濂，1873—1944，字莲伯，辽宁兴城人。北洋时期先后四次担任国会议长。

五四当天，胡适陪老师杜威在上海演讲。第二天才得知消息。7 日，他专门到上海体育场参加国民大会，要听一听上海一班演说家。挤到前台时，身上已是汗流遍体，脱下马褂听完演讲后，跟着大队去游街，从西门一直走到东门，走得一身衣服从里衣一直湿到夹袍子。

【编者注】：杜威，1859—1952，全名约翰·杜威，美国佛蒙特州人。著名哲学家。胡适在哥伦比亚大学留学时的老师。五四时，曾到中国做巡回学术演讲。

1919年5月9日,蔡元培辞去北大校长职务,临行前留下一张字条:杀君马者道旁儿。典出《风俗通》,说一匹马跑得特别快,路边看热闹的人不停的鼓掌,夸马跑得姿势漂亮速度快,马听了很得意,跑得越来越快,最后累死了。

朱和中看到孙中山亲笔起草的誓词草稿不禁笑了。孙问其故,朱答:"康有为和梁启超常说您目不识丁,我见誓词简练,知康、梁所言之妄。"孙傲然曰:"我亦读破万卷也。"

【编者注】:朱和中,1880—1940,字子英,湖北建始人。早年参加同盟会,国民党立法委员。

袁世凯弥留之际,徐世昌凑在其耳边,大声问,有什么吩咐吗。袁两手向空中乱抓,喉间含糊不清仿佛发出黎字之音。徐又大声问,黎元洪吧?随即同段祺瑞大声答道,知道了,放心吧。段祺瑞先下楼,内阁阁员都已经到了,当时就召开了临时国务会议。段向大家略微报告了袁的病情,准备令黎元洪继任大总统。这时,徐世昌下楼来,含泪说道,项城已经去了。阁员听了,都起立静默三分钟。

伪"华北联合准备银行"（简称联银），开办一年后，发行比较顺利。有次汪翊唐（编者：汪时璟字）很得意的向王克敏汇报说：报告委员长（王时任伪华北政务委员会委员长），联银券已经发行两亿啦。王克敏听了，大声说道：你是来表功的吗。这种烂纸，少发一张，老百姓就少受一张的痛苦，我正设法筹划增加发行准备，你也要有点打算，不要一味讨好他们，这是你的责任。汪本是来表功的，想不到却受到了一顿埋怨。可见，王虽然附逆，但心中还是有百姓的。

【编者注】：汪时璟，1887—1953，字翊唐，安徽旌德人。北洋政客，抗战时附逆。

西医屈桂庭曾经三次为光绪皇帝诊病：前两次看不出得了什么病，到第三次临时传诊，只见光绪皇帝神色大变，连呼腹痛，在床上乱滚，身边只有两名随侍的太监。当时在场的还有几名中医，屈桂庭担心中西药会有冲突，也不敢开太重的药。

《辛丑条约》谈判过程中，李鸿章屡次要求列强削减罪魁人数。德国代表称，我也知道真正的罪魁只有一个，如果能将其法办，其他人都可以不追究了。李鸿章听罢，再也不做此议。

珍妃与其兄曾卖官至四川盐法道玉铭，召见奏对时，光绪问，在哪个衙门当差？玉铭答，在木厂。光绪骇然，又让他把履历写出来，玉铭踌躇半天，没有写出一个字来。

1915年12月13日早晨，段芝贵突然临时通知，袁世凯即日在居仁堂登基。9点钟左右，朝贺典礼开始。厅中上首摆设龙案龙座，出乎人们意料的是，龙椅放在了龙案前面。两旁并无仪仗，只有平日贴身伺候袁的几个卫兵排列在龙座后两旁。袁世凯当天并未穿戴龙衮、皇冠，只穿着平时的大元帅戎装，没戴帽子。段芝贵传袁的话，行礼要简单些三鞠躬就可以了。但大多数人都行三跪九叩大礼，由于没有司仪，行礼时显得乱糟糟的。朝贺人下拜时，袁并未就座，只是站在座位旁边，左手扶着椅背，右手向上，不断对行礼者点头示意。

【编者注】：段芝贵，1869—1925，字香岩，安徽合肥人。北洋军阀，大力支持袁世凯复辟。

黄绍竑在故宫里看到过袁世凯登基时的宝座："是用紫檀木制成的，和广东最古老的酸枝木大椅差不多。但是四条腿很短，坐的地方很阔，虽有好多精致的花纹，如果没有人告诉你是洪宪皇帝的宝座，你一定不会知道他的价值和用处。"

【编者注】：黄绍竑，1895—1966，字季宽，广西容县人。国民党将领，与李宗仁、白崇禧并称新桂系三巨头。

醇亲王府的下人们都怕大福晋而不怕载沣。有一次，载沣看到天已经很晚了，太监还没有"上窗户"（当时每到夜间，都要在玻璃窗外安上方形雕木的纸窗户，叫作"上窗户"），就问怎么回事。当差的回答道：今天"奶奶"（指大福晋）不在家。边上的人听了都捂着嘴笑，以为载沣会发怒。谁想到，载沣只是生气的大声说了一句：我还在家呢，可恶，上窗户。就没了下文。

载沣（中）与载洵（右）、载涛（左）兄弟三人

袁克定曾直接问梁士诒是否赞成袁世凯复辟，梁不敢当面拒绝，推脱说要和同人商议后，才好明确答复。当晚即召集交通系要人开会商议，说赞成帝制就不要脸了，不赞成帝制只能不要头。讨论的结果是，大家一致要头，一时传为笑谈。

【编者注】：梁士诒，1869—1933，号燕孙，广东三水人。曾任北洋政府财政总长、总理。

1927年12月1日下午4时，上海大华饭店，蒋介石与宋美龄举行婚礼。证婚人是蔡元培、余日章，介绍人是谭延闿、何香凝、王正廷。

京报馆被封、邵飘萍遭逮捕之后，杨度等人找到东北军少帅张学良请其设法救出。张学良答道：飘萍虽死，已可扬名，诸君何必如此强我所难。杨度等黯然失色，知飘萍必死。

1926年4月26日，邵飘萍身穿长袍，被押至北京天桥。下车后，邵到监刑官面前报名后，狂笑数声，往南走了几步，刽子手用马枪向其后脑射击，邵应声倒地，子弹由后脑进右眼穿出，当即殒命。

1915年秋天,徐树铮回萧县醴泉村将去世多年的祖母和父亲重新下葬,回北京后去见袁世凯。因为刚办完丧事,袁好言抚慰,徐树铮给袁磕了一个头,袁当时很高兴。徐树铮出来后说:"这一磕头,大总统可能以为我要赞成帝制了。"

张学良回忆:中央党部事件发生后,陈璧君看到汪精卫躺在地上赶紧跑过去,汪对陈大哭说:我完了,我完了,我要死了。陈呵斥汪道:你刚强点好不好。干革命还不早晚就是这个结果!

【编者注】:陈璧君,1891—1959,字冰如,广东新会人。汪精卫之妻。抗战时随汪精卫一同投敌。

据包达三回忆:孙中山就任南京临时政府大总统后不久,一天早晨,他正在上海四马路青莲阁喝茶,忽然上来几个人向楼上扫了一眼转身就要下去,包一看为首的正是蒋介石,便叫道:瑞元(蒋介石原名),忙什么,上来喝茶。蒋说:达三哥,对不起,我没时间。接着扬起手里的一卷银元道:等会看我的颜色(上海土语,即能耐、本领)。说罢转身下楼。下午,包即从报纸上得知住在广慈医院的陶成章被暗杀。后来有人告诉他,蒋以探病为名,先进陶的病房查看情况,而后刺客进去行凶。此时,包才恍然大悟,这就是蒋说的"颜色"。显然,蒋到青莲阁是去寻找事先约好的刺客的。

【编者注】:包达三,1884—1957,浙江镇海人。早年参加同盟会,辛亥革命时,参加进攻上海江南制造总局之役。

陶成章,1878—1912,字焕卿,浙江绍兴人。光复会创始人之一。1912年,被陈其美指使蒋介石等人暗杀。

1926年,汪精卫到广西视察,得到桂系的热情招待。一天,宴会结束后,汪大醉,出门后找不到路。汪问陪同的黄绍竑,应该向左还是向右。黄答:向右。汪道:你说的不对,革命者哪里会向右走呢。于是向左边走去,结果左边的路是条死胡同,只好又走了回来。同行的人大笑不已。

段祺瑞执政府卫队旅上校参谋长楚溪春回忆:三一八惨案发生时,段祺瑞正在和吴清源下棋,段对楚说道,你去告诉卫队旅官兵,我不但不处罚他们,还要奖励,这一群土匪学生。

张学良处决杨宇霆、常荫槐当天，对部下慨叹道：咱们可得真正的好好干啦，不然那太对不起邻葛（杨宇霆字）、翰香（常荫槐字）在地下了。并命亲信刘多荃为杨、常二人家属各送去慰问费1万元。

【编者注】：常荫槐，1888—1929，字翰香，吉林梨树人。1929年，与杨宇霆同时被张学良处死。

1927年12月，蒋介石与白崇禧、何应钦商议，必须先讨伐武汉方可北伐，白崇禧因与胡汉民等暗通款曲而持异议。蒋忿然说：这样，我就走开，让你们去和好了。白答：我看此时为团结本党，顾全大局计，总司令离开一下也好。蒋目视何应钦，希望得到支持。而何默不作声。蒋负气离开。这便是桂系逼宫的真相。

1948年，蒋经国到上海整顿金融秩序，将杜月笙的儿子杜维屏逮捕。杜被气得病倒，对前来探望的范绍增说：我捧蒋介石捧了这么多年，捧到今天连我的儿子也被抓起来了。现在租界没有了，该是他们要我下台的时候了。范与杜交往时间很长，却还是第一次看到杜月笙如此激动。

【编者注】：范绍增，1894—1977，绰号"范哈儿"，四川大竹人。国民党将领，四川袍哥首领。

黄绍竑参观故宫博物院时，负责陪同的人问：要不要带一两样东西回去。黄很生气，责备道：这里陈列的东西可以任由你送人，任由长官来要么？可见你们保管的不尽责任了。对方说道：并不是这里已经陈列的东西，而是有些比较次等，认为不必陈列，且没有登账的东西。

袁世凯曾两次应童子试，都没有考中，一怒之下将过去所做的诗文一把火烧了个干净。他对女儿袁静雪说：自己在直隶总督任上，联合张之洞（湖广总督）、岑春煊（两广总督）、周馥（两江总督）联名奏请停止科举，是一生中最为得意之事。

陶希圣回忆：汪精卫得知日本要其签字的条约内容后，一面流泪一面说道：日本如能征服中国，就来征服好了。他们征服不了中国，要我在他们的方案上签字。这文件说不上是卖国契，中国我是卖不了的。我签了字，不过是我的卖身契而已。

西安事变过程中,杨虎城始终没有与在押的国民党中央大员进行接触,直到事变和平解决,张学良将蒋介石送走之后,南京派专机来接各中央大员的时候,杨才出面。

政争

黄海海战失利,光绪皇帝即派翁同龢到天津,质询李鸿章。翁问李北洋的兵舰都哪里去了。李鸿章怒目而视,道:师傅(偏者:翁为光绪帝老师、户部尚书)总理财政,平时申请款项动辄不批,现在事到临头却来问兵舰,岂不笑话。翁又问:户部严格管理财政乃职责所在,如果事情确实紧急,为何不再次申请?李鸿章称:政府疑我跋扈,御史参我贪婪,我再喋喋不休,今日尚有李鸿章乎?

甲午战后,李鸿章在给新疆巡抚陶模的信中谈到战争失败的原因时称:"十年以来,文娱武嬉,酿成此变。平日讲求武备,辄以铺张靡费为疑,至以购械、购船,悬为厉禁。一旦有事,明知兵力不敌而淆于群哄,轻于一掷,遂至一发不可复收。"

1906年,同盟会内部曾因为国旗问题发生争执。孙中山主张用青天白日旗。黄兴认为该旗与日本国旗相仿,主张用"井字旗"以示平均地权。孙中山甚至厉称:"仆在南洋,托命于是旗者数万人,欲毁之,先摈仆可也。"二人几乎为此决裂。

宣统元年(1909年),摄政王载沣准备起用唐绍仪任津浦铁路督办,军机大臣张之洞以唐不了解舆情提出反对,并称,朝廷用人如果不顾及舆情,容易激起民变。载沣说:国家养着这么多兵,还怕民变么。张答:国家养兵不是为打老百姓的。两人不欢而散。

孙中山当选非常大总统后,陈炯明建议孙暂不就职,或即便就职,也可先出国考察,静待北京政府内部生变。二人由此分歧愈大。一天孙中山到陈炯明省长公署,寒暄后,孙笑着说:竟存(陈炯明的号),你回广州来办了很多事,同时大家都有了差事,不过独我一人还在向隅,希望你委任委任吧。陈听后,哑口无言。

孙中山

军机大臣荣禄曾对人说:"康有为立保国会,现放着许多大臣未死,即使亡国尚不劳他保也。其僭越妄为,非杀不可。"康有为则毫不客气的回敬道:"杀二三品以上阻挠新法大臣一二人,则新法行矣。"

国民政府由武汉迁至重庆后,汪精卫先于蒋介石抵渝。汪在蒋到达当天,与夫人陈璧君一起召见蒋廷黻。汪说,想尽早争取最佳时机请蒋介石对日谈判,他有德国和意大利的关系,通过这些关系可以和日本接触。蒋廷黻认为,意见统一比和战问题更重要。统一作战或者统一言和,中国才能有办法,如果分裂，无论是战是和都没有前途。大多数中国人都认为德、意是日本的同党，任何通过德、意的谈判不论其实质如何，都会被认为是对中国不利的。谈话结束后，汪即去机场迎接蒋介石。三天后，汪再次找见蒋廷黻，垂头丧气的说道，蒋介石彻底反对他的意见。几天后，汪离开重庆到越南，又到南京，成立了傀儡政权。

桂柳会战结束后，白崇禧追悼阵亡将士，由秘书起草两副挽联。一副是："云笼桂柳千峰暗，血注漓万里殷"；另一副是："生犹戴吾头，严颜终为降将（编者：讽刺方先觉投敌）；死不输贼手，南八无愧男儿（编者：赞扬桂系将士）。"

【编者注】：方先觉，1903—1983，字子珊，安徽宿县人。国民党将领，曾率部在衡阳与日军血战47天，弹尽粮绝之际投敌，不久逃脱返回重庆。1949年去台。

1905年，孙中山邀请杨度加入同盟会，一向主张君主立宪的杨对孙道：我们的政治主张不同，但是不妨各行其是，将来无论打通哪一条路线，对国家都是有利的。

【编者注】：杨度，1874—1931，字皙子，湖南湘潭人。早年参加公车上书，清末主张立宪，民国后支持袁世凯复辟帝制，袁死后杨度转而主张民主共和，1922年加入国民党，1929年秘密加入共产党。

张学良初继父位后，杨宇霆视其为晚生后辈，经常存轻慢之心。张学良曾当着桂系代表何千里的面，向杨抱怨道：我说我干不了的，老杨，还是你来干的好。何听后不禁愕然。杨却笑着回答说：咳。别说那个。不要焦心，您现在身体不好，少烦神，多保养，有事大家商量，我代你张罗张罗。话虽然说得委婉，但是言语之间，不难看出杨是以辅政元老重臣自居的。

林森出任南京国民政府主席，是蒋介石、汪精卫、胡汉民三方妥协的结果。蒋属意于右任，汪属意蔡元培，胡属意林森。胡在给汪的信中写到：今天的国府主席，不负实际政治责任，谁都可以当。不过人选慎重点也好。以我的意思，是觉得林森最为合适。到底如何，请你们斟酌吧。蒋、汪在南京，胡在广东，却也不能不尊重胡的意见。最终林森得以出任国府主席。

两广事变中陈济棠垮台后，广西当局面临生死存亡的关头。刘斐曾对李宗仁、白崇禧开玩笑道：你们只有抓住抗日的牌子不放手，死了才有板子埋。意即要李、白抓住抗日救国的旗帜不放，用持久战和蒋斗争到底。即使失败也是为了抗日救国,虽败犹荣,发得出讣告,在历史上有一定意义。

【编者注】:刘斐,1898—1983,字为章,湖南醴陵人。国民党将领,桂系重要人物。曾任国民政府参谋次长等职。1949年8月,在香港通电起义。

孙中山决定实行联俄联共扶助农工三大政策后,遭到国民党内部相当一批人的反对。孙最后说:你们再不听,我就开除你们。要不然,你们就开除我好了。此后,反对之声才逐渐平息。

张之洞任两江总督后,筹备修筑南京马路,但经费不足。张得知,李鸿章在南京某钱庄有一笔20万两的私人存款。钱庄老板称如果用动这笔款子,必须李中堂同意。张之洞当即致信李鸿章:希望暂借这笔闲款,一旦款项筹齐,当即奉还云云。并表示修路只为造福一方百姓,绝不修制台衙门附近的道路。李见秘密存款被披露出来,无奈之中,索性做个顺水人情,将这笔款项捐给了南京地方。

汪精卫做汉奸后,不仅为全国人民所不齿,就连北洋余孽、华北汉奸头子王揖唐、齐燮元等人也恨恨的道：我们被国民党打垮，现在堕落到了做汉奸，不料国民党又派副总裁汪精卫一批人来抢我们这一碗苦饭，真是岂有此理。

【编者注】：齐燮元，1885—1946，字抚万，直隶宁河人。北洋直系将领。抗战爆发后投敌。1946年，被国民政府处决。

中原大战结束后，汪精卫就任南京政府行政院长，见到从前一起反蒋的人，总说自己好比是消防队员，被主人叫来"打短工"的。有人劝他，何必替蒋"背黑锅"呢，汪说：我既已跳茅坑，就臭到底吧。

宁汉合流后，于右任一度认为：国民党统一了中国，在军事方面只有蒋介石能负责，在党务、政治方面只有汪精卫能负责。要中国有办法，只有蒋汪合作。今天这两个人势成水火，有我存在，使蒋汪之间留一线生机。

反蒋各派中，冯玉祥最为坚决。中原大战中，冯对部下称：胜则到江南组织政府，败则不惜同归于尽。以示破釜沉舟的决心。

张学良说，自己与杨宇霆不和的原因：就是因为郭松龄。杨宇霆当时任奉军参谋长，郭是少校参谋，陆大毕业后升任中校。"他为借钱也不知为什么，他俩就闹翻了"。郭性情极为暴躁，一怒之下不辞而别去了广州。为此，张学良与杨也产生了隔阂。

张学良晚年说：杀杨宇霆是自己做错的一件大事。

1932年6月，汪精卫、宋子文持蒋介石亲笔信到北平，要求张学良出兵抗日，以平息国内外舆论。张答道：蒋先生如果给我下命令，我当然要服从，但是这个事情你让我自己干，我不干。你中央是不是有所准备？你真要打，那我打。你不介入，只让我敷衍一下子，舍掉我，那我不干。

陈铭枢总结福建人民政府失败的原因时，曾说：福建人民政府失败的原因很多，但缺少一个像汪（精卫）先生这样的领导人也算是原因之一。我们那时拥护的是胡（汉民）先生。结果胡先生硬是不去。假定把胡先生换成汪先生，汪先生一定会去。如果汪先生去了，那么，福建人民政府就不会失败，纵使失败也不会那么样快。

【编者注】：陈铭枢，1889—1965，字真如，广东合浦人。早年参加同盟会，参加过北伐，一二八事变时指挥十九路军抗击日军，后与李济深发动福建事变，1948年与李济深在香港成立民革，1949年出席政协会议。

权谋

袁世凯就任大总统后，曾说："我现在不怕国民党以暴力夺取政权，就怕他们以合法手段取得政权，把我摆在无权无勇的位置上。"

袁世凯小站练兵时，每天出操官长都会问士兵：咱们吃谁的饭。士兵答：咱们吃袁宫保的饭。再问：咱们替谁出力。再答：咱们替袁宫保出力。

袁世凯坚决不承认自己有称帝的打算，他曾对张国淦说：总之皇帝我决不做。大凡做皇帝者，多半为子孙计。我的儿子克定的本

袁世凯

领,叫他布置锡拉胡同,尚能胜任,叫他布置洹上村,便办不了。中国这样大,他哪能胜任?"

【编者注】:张国淦,1876–1959,湖北蒲圻人。曾任北洋国务院秘书长、总统府秘书长、教育总长等职务。

李鸿章攻克苏州后,大肆杀俘,洋枪队领队戈登力阻不成,遂起杀李之心。有人得知消息后,立即向李做了禀报。李听了叹气道:"责任在我。洋人有此英风侠骨,随他去吧。我也没什么可怕的。"戈登闻听此言,心中大为折服。后来李鸿章成为封疆大吏,戈登尽释前嫌,仍然对李非常恭敬。

平定太平天国之后，曾国藩入京觐见。慈禧太后批头第一句话就问，你此次带了多少兵来。曾答：仅带了少数卫队。又问，你还有多少好将官。曾答，好将官多半凋谢。据说曾国藩退朝后，在居室来回踱步，夜不能寐。

辛丑回銮后，慈禧对袁世凯颇为倚重，同时也防范甚严。慈禧对袁几乎每天都有赏赐，满朝文武唯独特许袁的差人可以来见自己。袁也是隔两三天就进呈物品一次。一次，慈禧将咸丰皇帝所用的碧霞犀带扣赏给袁世凯。袁特地派人进宫叩谢。慈禧问来人，前两天给袁世凯的带扣他喜欢么，戴了没有啊。来人非常机警，回答道：袁世凯非常感激老佛爷的恩典，但此物为先帝御用，不敢照常佩戴，已经钉在帽子上顶戴着了。慈禧说道，袁世凯很知礼。来人退下后迅速报告袁世凯。袁急忙把带扣缀在帽子上。但是带扣又大又重，在帽子上非常不服帖，旁人看了都很奇怪。实际上，慈禧是在试探袁世凯是否敢用皇帝的御用品。

咸丰死后，慈禧将恭亲王奕訢密召到承德，对他说：现在局势非常危险，先帝驾崩，我想社稷为重，国赖长君，最好由你继位。当时同治已经即位，奕訢大惊失色道：先帝太子已经即位，太后怎

恭亲王奕訢

么好这样说。慈禧说：端华、肃顺等人虽是顾命大臣，但是不肯同心辅佐新君，我也没有办法，或许他们愿意辅佐你。奕訢答，他们如敢胡闹，就应该办他。慈禧说：很好，那就交给你去办吧。辛酉政变后，慈禧得以垂帘听政。此后，奕訢屡起屡罢，一直处于危栗之中。他晚年集唐诗以自娱，其中有"猛拍阑干思往事，一场春梦不分明"，说的即是此事。

庆亲王奕劻贪腐之名广为人知。据说，一般情况行贿者送来礼物之后，照例由王府回事处的官员，趁奕劻上朝时，抬着礼物前来禀报：请王爷看一看，这是某某人送来的。奕劻"不经意"的说声

庆亲王奕劻

"费心"就算完事了。如果礼物比较特殊且珍贵,回事处官员还会补一句"请王爷看一看",这时奕劻仍然是淡淡的看一眼,口中加重语气说一句"如此费心"。行贿受贿就这样完成了,一切尽在不言之中。

慈禧命醇亲王奕譞会同李鸿章到旅顺等海口巡阅海军,特派李莲英随行。事后,御史朱一新上奏弹劾李莲英。理由是,李鸿章派船迎接醇亲王,被奕譞拒绝,李莲英却坐了那条船,致使前来迎接的文武官员误认为是醇亲王。慈禧为给李莲英开脱,找奕譞当面对质,奕譞全面否认,称绝无此事。朱一新因此被罢官。

袁世凯约内阁总理熊希龄到总统府议事，故意让熊看到许世英呈送的避暑山庄盗宝案报告（熊任热河都统期间曾将山庄的国宝送给姜桂题等人）。而后，袁即对熊言道：国家不宁，完全归咎于国民党捣乱，必须将其立即解散，取消国民党籍的议员资格。熊被迫同意。次日，解散国民党、取消国民党籍议员资格的大总统令即行发布。

【编者注】：熊希龄，1870—1937，字秉三，湖南凤凰人。北洋政府总理。

许世英，1873—1964，字俊人，安徽秋浦人。北洋政府总理。1949年去香港，后赴台。

康有为成立强学会后，曾经准备邀请张之洞作会长，张本人基本同意，并答应每月接济白银3000两作为经费。不料，张看到第一期《强学报》后，大惊失色，报纸以孔子纪年，并没有光绪某某年字样，连忙派人通知康、梁，可以接济经费，但绝不能担任会长。此后不久，张之洞又借口经费困难，逐渐与康、梁断绝了往来。

民国成立后，袁世凯说：宣统皇帝已经退位了，如果真要再有一个皇帝,那也得是汉族,清朝帝位来自大明,就应该找姓朱的,最好是朱元璋的后人,如果实在找不到,朱总长(朱启矜时任交通总长)也可以做。据说这是袁世凯第一次在公开场合谈到帝制,尤其是不要满族要汉族,实为为自己日后称帝打下伏笔。

每当袁世凯要咨询什么要事,陈宧会提前准备出左中右三个方案,每个方案都事先准备好提纲,左策放在左袖筒,右策放在右袖筒,中策放在靴筒内。面见袁的时候,先揣测袁的意见,然后拿出相应的对策。袁世凯经常惊叹:二庵(陈宧的字)所见,实获我心。因此对陈极为信任。

【编者注】:陈宧,1870—1939,字养铦,号二庵,湖北安陆人。洪宪帝制时,一度支持袁世凯复辟。

袁世凯身边的人,为了迎合袁的意思,总是劝他做皇帝。袁则故作姿态说:如果全国老百姓一定要我做皇帝,我就做。徐世昌摸透了袁的心思,就出了一个主意,提出由"国民代表"决定国体。

为了发动革命,李石曾奉孙中山之命,专程到沈阳做东三省总督徐世昌的工作。最后，徐表态说：反抗清廷我不能为之，但从今以后决不与党人为敌，请向孙先生致意。李临行前，徐特意送路费2000元。据说，徐世昌对金钱非常看重，从来不无故送人钱财。

【编者注】：李石曾，1881—1973，名煜瀛，河北高阳人。国民党元老，清末军机大臣李鸿藻之子。1949年赴瑞士，后去台。

袁世凯称帝前，曾征求徐世昌意见：外间劝进一事，您可曾知道。这事是否可行呢。徐沉默良久答道：不知道。袁又问，徐答道：知之为知之，不知为不知。袁世凯知道徐世昌是在观望此事，就不再问了。

袁世凯任总统后，将秘书厅改称内史监，内史长由阮忠枢担任。袁在北洋时，阮任文案专司书札。袁经常找不到阮，后来得知阮钟情于一个妓女，因此对工作有所懈怠。袁世凯出钱派人为这个妓女赎身，还为其置办了一所房子。阮到妓院后，得知该女被袁派人接走了，大怒，当即就要辞职。同事将实情告之后，阮人为感动，从此对袁忠心不二。

上海镇守使郑汝成被刺身亡。袁世凯接到电报后，对曹汝霖说道,郑勇谋兼全,我寄以东南重任,今竟遇难,淞沪没有镇得住的人,东南半壁从此多事了,真是断我一臂啊。言罢,伤感不已。曹问,上海地方如此紧要,派谁继任呢。袁莞尔一笑,拿过公府用笺,提笔即下一令,任命杨善德为淞沪镇守使,称杨虽不及郑,尚可应付,此人忠心不二,是可以信任之人。又对曹说道,你记着!凡办大事,对于要紧地位,总须预备两三套人才,以备万一,不致临时失措。

【编者注】:郑汝成,1862—1915,字子敬,河北静海人。清末在海军任职,民国后曾任袁世凯大总统府侍卫武官、上海镇守使等职。1915年,被陈其美派人刺杀。

杨善德,1873—1919,字树棠,安徽怀宁人。曾任北洋军师长、上海镇守使等职。

爱国学生火烧赵家楼后,曹汝霖暂住北海团城,准备辞职。段祺瑞去探望他说:这次的事他们本是对我,竟连累了你们,我很不安。你们不必辞职,看东海(徐世昌号)如何处置。几天后,徐世昌坐船来到团城,陪曹汝霖在北海散步,嘱咐曹在此安心静养。谈笑如常,对学生事只字不提。

张作霖任奉军师长时,得到袁世凯第一次接见。在客厅等候时，张看到一对乾隆雕漆大花瓶很漂亮，正在欣赏时，袁出来了。临告别时，袁见张穿的是夹呢外套，说关外寒冷，呢子大衣不能御寒，命侍卫将自己的貂皮大衣送给张。张回到住处不久，总统府即派人将乾隆雕漆花瓶送来。袁世凯接见武官凡师长以下的，从来不让座，对方立正报告，自己也不起立。对张作霖是极为例外的。

关东军帮助张作霖打败郭松龄后，认为张必定会感恩戴德，有所厚报。谁料到，张竟在日本顾问町野武马的陪同下，来到正金银行，将自己的私人存款500万元全部提出，亲自到关东军司令部，向本庄繁司令官表示感谢：承蒙贵军大力协助，平定叛乱，奉上区区私人存款，以备犒赏。日本人被搞得哭笑不得。

张作霖出任东三省巡阅使后，对日本方面应付得宜，办事有分寸有手段。关东军准备走内线，由司令官本庄繁夫人出面招待最受张宠信的五夫人游览大连。本庄夫人亲自招待，大连市内到处张灯结彩，关东军军官在五夫人经过处，列队欢迎。临别还赠送五夫人大量珍贵礼物。没想到，张本人于军国大事，从来不允许妇女涉足。关东军的一番苦心白费了，本庄繁此举因此遭到日本国内新闻的冷嘲热讽。

袁世凯以缺乏军饷为由，迟迟不肯出兵南下镇压武昌起义。隆裕太后没有办法，只得将慈禧太后历年积蓄的金条尽数交出，一共有30多箱，折合白银600万两。这批金条都是各地督抚进贡的，每根金条上都贴有臣某恭呈字样。其中还有袁世凯当年进贡给慈禧的。

武昌起义爆发，清政府重新起用袁世凯。日本立即将与袁私交极好的前天津总领事伊集院彦吉调任为驻华公使。袁世凯进京次日，伊即前来拜见，称奉政府密令，目前中国时局混乱，日本政府非常关心，阁下如果仍然拥护清廷或另有高见，务请密告，日本一定以阁下之意是从，且愿援助。袁答道：现在我是大清朝钦派的总理大臣，怎能说不拥护清廷，至于说南方之乱不值一提，感谢贵国政府的好意，无须援助。伊氏告辞退出。袁世凯所答，言外之意已说的非常明白，现在怎能不拥护。日本公使未能领会而已。

中原大战爆发后，张学良红极一时，蒋冯阎桂各派代表赴奉天极尽拉拢之能事。吴铁城作为南京代表带200万现款出关，且随时可以从银行透支，不受任何限制。吴运用银弹攻势，对帅府重要分子，极力利诱拉拢。张学良喜欢推牌九，吴便投其所好，每晚与张推牌九，输赢之数，动辄几十万。吴故意认输，十场总要输九场，还要恭维少帅手气好。双方只是偶尔提及正事，心照不宣。吴铁城回南京后，张学良即率军入关，助蒋军作战。

【编者注】：吴铁城，1888—1953，江西九江人。早年参加同盟会，曾任国民政府行政院副院长等职。1949年去台。

辛亥后不久，李鸿章之孙李国杰入宫觐见隆裕太后，一见之下痛哭流涕泣不成声道：先祖鸿章举荐非人（指袁世凯），以致如此。几天后，徐世昌遇到李，将当天宫内的情况说得一清二楚，并提醒李国杰说：这两天你和谁见面，谁请你吃饭，我都清楚。如果你不是李文忠公的嫡孙，咱们就不能有今天的会面了。李听后大惊失色，当即离京赴沪。

袁世凯与张之洞谈到练兵的秘诀时说：练兵的事情，看起来复杂，其实也简单。主要的是练成"绝对服从命令"，我们一手拿着官和钱，一手拿着刀，服从就有官和钱，不服从就吃刀。

袁世凯任山东巡抚的时候，时常派员到地方上秘密调查。袁总是同时派两个人出去，这两人都对他本人直接负责，他们彼此之间并不知道对方的存在。如果两人所查的结果不同，袁就如法炮制，再派两个人去调查。对比结果后，对忠于职守的提职奖励，对敷衍塞责的惩罚处置。

庚子之变后，慈禧和光绪回到北京。紫禁城遭到八国联军的疯狂破坏和劫掠，慈禧要求新任直隶总督兼北洋大臣袁世凯，尽快恢复皇宫里的陈设。袁向直隶省内的藩、臬、司、道等各级官员募捐，但是无人响应。袁不便硬来，便派人到天津的几大著名票号去，谎称有一大笔公款要存在这些票号，咨询利息如何。借讨价还价之际，袁所派之人从票号处得知了大量直隶官员的具体存款情况，合计约有100多万两，而后禀报袁世凯。于是袁将各处官员请来，说：这些票号的掌柜实在可恶，竟然冒用各位的名字来招摇撞骗。我已经把这些冒名顶替的存款暂时借用了。

武昌起义爆发后，清政府派陆军大臣荫昌率冯国璋、段祺瑞带领北洋军南下讨伐。途中荫昌和冯国璋都曾专门在彰德下车，向"养疴"在家的袁世凯问计。袁对荫昌打官腔道：久居乡野，对国事未敢置辞。对老部下冯国璋却指示道：慢慢走，等等看。

1926年，直奉联合进攻驻守南口的冯玉祥部，久攻不下。奉系调来重炮炮轰国民军，冯部也开炮还击，战事极为激烈。张宗昌想以此试试张学良的胆量，不断的开他的玩笑，用手摸张学良的脸，弄他的耳朵，并且说：要是把你打死了，我可怎么交代啊。张学良年轻气豪，胆量极大，对此炮战，处之泰然，颇有泰山崩于前而面不改色的气概。

于学忠曾说：人家说张少帅（张学良）喜欢玩，实际上他对团长级以上军官的照片与出身背景都了解得非常清楚，用人之先，早有周密的考虑。

【编者注】：于学忠，1890—1964，字孝侯，山东蓬莱人。东北军重要将领，积极参加抗战。1949年拒绝去台。

有一次，慈禧太后召袁世凯入宫奏对。袁找到李莲英咨询，因为觐见时自己要趴在地上，看不到太后的脸，怎样才能事先揣测太后的心情。李让袁注意看自己的脚，如果李的双脚分开，表示太后心情很好，说话可以放松些；如果双脚合起来，则说明太后情绪不高，请免开尊口。

1927年8月，蒋介石下野后，何应钦迁就桂系李宗仁、白崇禧的主张，把蒋在台上时组建的7个补充团一律撤销。蒋得知后，大骂黄埔同学会不号召补充团在职的黄埔生起来抵制，并说，不得已时上山当土匪，也要把补充团保持下来。

1864年5月，湘军围攻天京最为紧张的时刻，曾国藩就是否奏请李鸿章率淮军支援一事，致信其弟曾国荃，称：淮军前来有两可两不可。一可，是淮军装备精良，可以加快进攻速度。一可，是淮军来后，可以分担曾国荃部压力。一不可，是李鸿章气焰嚣张，恐与曾国荃处不好关系，一不可，是淮军军纪涣散，一旦破城恐抢夺

慈禧

不堪。因此，曾国藩不愿意让李与曾国荃共事。

辛亥革命时，袁世凯根据时势变化，时而猛攻武汉三镇，时而按兵不动，让人搞不清葫芦里到底卖的什么药。有人问起，袁答：一棵大树，如果使用猛力，是拔不出来的。只有左右来回摇晃，待树根松动，不必花大力气，就可以轻易拔出。清室这样一棵几百年的大树，如果"不用左右摇撼之法，焉能拔之。"

孙传芳知道张宗昌好色好赌。张到上海前，孙就派心腹包下了上海所有的赌场和妓院，并交代：凡张效坤（编者：张宗昌字）至，务必热情，不许收分文，谁家招待得最好，定有重赏。

张宗昌初到东北，一直遭到冷遇。一天，他拎着两只粪筐去见张作霖，道：远道来投，敬献礼物，请望收纳。张作霖问：带两只粪筐是什么意思。张宗昌答：大帅盖楼，我想为你填土奠基。在场的杨宇霆、郭松龄均不理解张宗昌的真实意思。张作霖笑答：你有心为我添土，我就送你一条扁担。张宗昌拎两只筐，表示自己手中无权，不能发挥作用。张作霖答应送一条扁担，就是允诺授予他权柄。

张作霖死后，日本人所办的《满洲报》搞了一次东北民意测验,将张学良、杨宇霆、张作相、万福麟、常荫槐等数十名东北军政要人的名字登在报上,下面印有选票,要读者选出东北军政长官以及黑、吉、辽三省主席后,寄回报馆。杨宇霆利用这一机会,派人大批购买该报,填上自己的名字后,将选票寄出。每天达数千份,以制造民意舆论。事后,杨府卖出的废报纸达数千斤之多,此事方为外界知晓。

中原大战初期,由于军事失利,蒋介石的统治岌岌可危。有人因此对前途表示担忧,蒋答道:只要人们要官要钱,我就有办法。

张之洞号称通晓中外情势,戊戌变法时光绪皇帝对他尤其倚重。杨锐为张门生,是张所最为倚重之人。杨之所以能以京卿身份参与新政,与张的鼎力推荐有很大关系。而戊戌政变发生后,首先倡议杀军机四卿者,竟然是张之洞。

【编者注】:杨锐,1857—1898,字叔峤,四川绵竹人。戊戌六君子之一。

西安事变爆发的消息传到太原,阎锡山得知蒋介石被扣,当即痛哭失声,如丧考妣,特意令部下找来一件白大褂披在身上。

后来，听说蒋没有死，连忙补发了一通措辞模棱两可的"调停"通电。

1930年，张钫奉蒋介石之命到亳州招抚孙殿英。张甫一到亳，消息即传开。冯玉祥致电孙殿英，让孙将张解送郑州，即刻赏大洋20万。阎锡山让孙将张押送到山西，即赏大洋10万。蒋介石得知后，让孙将张即日放回，可以给大洋50万。孙殿英左右为难，跟张钫开玩笑说：你在这里多住几天吧。现在票价越来越高，我不会出卖你，我将来还可以多分利润呢。最终孙殿英决定投蒋，将张放回。蒋当即派毛邦初驾驶飞机携带现洋10万，送到孙部，并说前方款项不够，等到徐州再取40万元也会尽快送来，以践行诺言。

【编者注】：张钫，1886—1966，字伯英，河南新安人。辛亥革命元老，曾任国民政府河南省代理主席、国民党中央执行委员、国民政府国策顾问，获陆军上将衔。1949年率部在四川起义。

孙殿英，1889—1947，字魁元，河南永城人。民国军阀，以盗掘清东陵乾隆、慈禧墓著称。抗战中期，被俘投敌。1947年，被人民解放军俘虏，后病死。

毛邦初，1904—1987，浙江奉化人。国民党将领，蒋介石原配夫人毛福梅侄子。1949年去台。

袁世凯曾说：我已经是 50 多岁的人了，很想回到乡下去享福。但是，外国人只相信我，没有我中国就有被瓜分的危险；北方军队只服从我，没有我全国秩序就难以维持下去。为了国家和人民的关系，我不能不牺牲个人幸福，担任这个繁重的职务。

谶纬·迷信

直奉战争前夕，吴佩孚乘火车由保定启程前往北京。本来当天就可以到达，但是张其锽在车上占了一卦，"二十八日到京大吉"。因此吴在长辛店住了一夜，次日才到北京。

【编者注】：张其锽，1877—1927，字子武，广西桂林人。清末进士，民国后曾任广西省长，后为吴佩孚讨贼联军总司令部秘书长。随吴退往四川途中，被土匪杀害。

徐世昌与其弟世光到北京参加科举考试。结束后，在同乡柯劭忞陪同下，到琉璃厂吕祖庙求得一签：光前裕后，昌大其门庭。发榜后，徐世昌考中第 145 名，世光第 95 名。徐认为，签词中的"光前"是指世光，"昌"则指自己。此后愈发迷信吕祖，特意在家中设密室，安放吕祖牌位。

【编者注】：柯劭忞，1850—1933，字凤荪，山东胶县人。清末进士，著名历史学家，著有《新元史》，曾负责主持编修《清史稿》。

晚清时，民间谣传醇王府之所以出了皇帝（指光绪），是因为醇王府在妙高峰的坟茔内有两棵大白果树——白果树下埋了醇亲王，"白"、"王"二字合起来正好是个"皇"字。慈禧得知这一传言后，竟果然派人去砍了那两棵白果树。谁知谣传更甚，说在砍树时，树底下冒出了很多蛇。更有人牵强附会说，后来的义和团就是那些蛇精变化的。

张宗昌下野后，住在北京石老娘胡同。他去山东的前一天，房子突然倒塌，有人告诉他，这是凶兆，恐怕要出事情，最好先不要去，但是张不听。结果返京时在济南火车站被刺杀。

张作霖以国家元首之尊，在就职之日按照古代帝王和民国历代总统先例，到天坛祭天。张手捧金爵向苍天喃喃祈祷之际，不料竟然失手,金爵坠地,爵扁酒流。人们都认为是不祥之兆。

张作霖就任安国军大元帅之后不久,顾维钧、王宠惠、颜惠庆等人结伴逛街。他们以张作霖的生辰八字冒名为一普通老人,请当时北京一位著名的相士算命。相士排完八字之后说,此人的命贵则贵矣,只是他现在已是黎明前的"电灯胆",马上就要熄灭了。"电灯胆"为北京土话,即电灯泡之意。当时北京电力不足,黎明前的电灯泡特别亮。不久以后,张作霖即死于皇姑屯事件。

太平洋战争爆发前,许地山在香港任教。一度对用西洋心理学

许地山

研究中国的扶乩很感兴趣。他曾试着让一个女仆随便在书架上拿一本书给他，结果拿来的恰恰是他急于要翻阅的。

【编者注】：许地山，1893—1941，名赞堃，台湾台南人。著名作家，笔名落花生。

袁世凯称帝前，准备制作洪宪玉玺，尺寸刻文确定之后，即把京津一带的玉器商人都找去要他们提供材料，结果切开一块尺寸不够，再切开一块还是不够。玉器商惊讶之余，议论纷纷，慈禧太后生前要做玉别子，切开一块材料就能用，怎么轮到袁却这么不顺利呢。一时间谣言四起，认为袁这个皇帝当不长。

【编者注】：玉别子，即玉石制成的别针。

袁世凯的曾祖父袁耀东不到 40 岁就死了；袁甲三，57 岁去世；袁世凯的亲生父亲袁保中终年 51 岁，嗣父袁保庆终年 49 岁，堂叔袁保恒活了 52 岁。当时盛传袁家男人最多只能活到 57 岁。袁世凯晚年虽然十分注意保健，但他最终也没有能活到 58 岁，57 岁去世。

辛亥革命后，袁世凯任民国大总统，有人向他举荐吴鼎昌为财政总长。袁传见吴后，对左右说："此人背后可见腮，曹操就是这样的骨相。"有才而不能受重用，吴鼎昌后来只做了一个造币厂的厂长。

【编者注】：吴鼎昌，1884—1950，字达铨，原籍浙江吴兴，生于四川绥定。早年参加同盟会，北洋时期曾任财政次长，后任国民政府贵州省主席、总统府秘书长等职。1947年赴香港。

袁世凯将章太炎的幽禁之所定在北京钱粮胡同的新居。当时很多人都知道，此宅乃是一处凶宅，翌年（即1915年），章的长女即在此自缢身亡。袁世凯也想让凶宅之"鬼"缠上章太炎，让章死个不明不白。

张謇和徐树铮关系很好，徐以老师事奉张。一天，张謇梦到徐写了一首诗给他：与公生别几何时，明暗分途悔已迟。戎马书生终误我，江声澎湃恨谁知？张惊醒，疑惑徐树铮是不是出事了，不久便传来徐被刺杀的消息。

【编者注】：张謇，1853—1926，字季直，江苏南通人。清末状元，清末立宪派领袖，实业家。

北伐军节节胜利,张宗昌部接连败退。张听信"国民党胜利是因为孙中山灵寝在碧云寺,占了风水宝地"的谣言,就向张作霖建议捣毁孙的灵寝,以破国民党的风水。幸亏杨宇霆从旁劝止,张作霖才暂时作罢。张学良得知此事警告张宗昌不许胡来。时任香山慈幼院院长的熊希龄情急之下面陈张宗昌道:"各国政党、政见,容有不同,而对于党魁,则无不互相尊重,孙总理灵寝应当加以保护。且香山慈幼院近在一隅,孤贫儿童多为阵亡军人子弟,尤需令其安宁。"并请求张宗昌派"受有教育之军官团一连驻山保卫"。

按照传统,溥仪大婚,要在重华宫的漱芳斋舞台唱三天大戏。通常无外乎是《龙凤呈祥》这类节目。结果在三天演的33出大戏中,溥仪居然钦点了一出《霸王别姬》。戏名一报出来,几乎让所有人瞠目结舌,都认为太不吉利了。溥仪与婉容日后的婚姻也确实成为应验。

清末民初北京流传有"西山十戾"的神话。据说,北京西山里有十个修道成仙的妖怪,投胎转世,成了清代权重一时的重要人物。这十个妖怪分别是:熊、獾、鹗、狼、驴、猪、蟒蛇、猴子、玉面狐、癞蛤蟆。它们托生的人是:多尔衮、洪承畴、吴三桂、和珅、海兰察、年羹尧、曾国藩、张之洞、慈禧、袁世凯。

袁世凯遭载沣排挤，回彰德养病期间，曾找汲县一瞎子算命。瞎子说：等到辛亥八月节，袁即可东山再起，而且官会做的越大。袁听后大喜，给了10元卦金，并许诺如果算得准，日后定有重谢。武昌起义爆发日1911年10月10日，为中国旧历辛亥年八月十九。袁重新出山后，瞎子找上门来，袁不负前言，酬谢1000元。

1916年3月，冯国璋领衔发出逼袁世凯取消帝制的密电，袁见大势已去，曾对亲信说：最近我看到天上有一颗巨星陨落，这是我生平所见的第二次。第一次是李文忠公（编者：李鸿章谥号）死。这次恐怕轮到我了。三个月后，袁于6月6日去世。

1930年8月，汪精卫等在北平召开国民党中央党部扩大会议，推举阎锡山为国民政府主席，以对抗蒋介石的南京政府。阎自以为登上了"九五之尊"，特地选民国九年9月9日上午9时，宣誓就职。这一天占了四个九，时人将其称为"四九小朝廷"。

杨宇霆身边有"张神仙"、"马神仙"等四名术士，任何事情都要选择黄道吉日先占卜而后才行动。有次行军，杨的专列停在车站上，突然有一只白兔闯进车内。术士们即对杨说道：卯酉相冲，下午酉时必定有不幸发生，应该立即离开此地。专列离开后，下午居然真的有敌方骑兵冲入车站。经过此事，杨认为自己有术士拱卫左右可保无虞，在奉系内愈发的飞扬跋扈。

太原失守后，阎锡山带着山西省军政机关撤至山西省吉县南村坡。他认为南村坡之谐音为"难存伯"，与自己的字"伯川"中的"伯"音同，"难存伯"就是难存他阎伯川，于是下令将南村坡改为克难坡，把战区司令部改为"克难城"，把1940年命名为"克难年"。

抗战前，蒋介石要去太原，阎锡山与幕僚商议接待地点。有人提出在运城，阎锡山觉得运城与"运成"同音，阎当然不愿意蒋"运成"，于是就把地点安排在了"介休"，暗指蒋介石此来必将休矣。

光绪甲午年（1894）年三月，北京陶然亭芦苇塘中，经常发出有如牛叫般的怪声。众说纷纭，有人说是蛟龙盘踞在此，有人说是土匪巢穴在此，等等。京中有好事者称之为大老妖，专门吃洋人，还凭借臆想将其绘成图像印刷流传，遍及大江南北，乃至新疆塞外。九门提督派兵几次到陶然亭搜剿也没有结果。最后没办法，内务府出面，请来僧道设坛念经，几个月后，那怪声再也没有出现。没多久，甲午战争爆发。

据说胡雪岩年少时在一家店铺当学徒，每天晚上都睡在柜台上。有天半夜忽然听到外面有动静，胡急忙把周围的人都喊了起来。众人出门一看，见有一人晕倒在地。半晌，那人醒来后，对众人坦白道，自己是个小偷，本想到店里偷点东西。谁成想刚一进门就看到一个金面神卧在柜台上，一下子就吓晕过去了。

【编者注】：胡雪岩，1823—1885，名光墉，安徽绩溪人。晚清著名企业家，有红顶商人之称。

清末，四川童谣曰：若要川民乐，除非马角生。俗称骆字为马各骆，南方各与角同音。几年后，石达开率部进入四川，遭骆秉章围堵，死于大渡河。

【编者注】：骆秉章，1793—1867，字吁门，广东花县人。清代大臣，任湖南巡抚时死守长沙抗拒太平军，支持曾国藩办湘军，重用左宗棠。后任四川总督，在大渡河诱杀石达开。

张之洞自称自己是老猿托生，可以连续几昼夜不睡觉。在四川督学时，某日参观杜甫草堂，张拟用杜诗中的句子集一楹联，前后易数十稿终不满意，仍然在反复推敲。历经三天三夜，从人侍者都已经受不了了，唯有张和平时没什么两样。

曹锟贿选成功后，命令京剧界禁演《捉放曹》、《击鼓骂曹》两出戏。艺人们没办法，便将《捉放曹》改名为《中牟县》或《陈宫计》，将《击鼓骂曹》改为《群臣宴》，瞒天过海，继续上演。

张作霖出任安国军大元帅后，《凤还巢》因与"奉还巢"音类似，被张禁演。

杨度极力支持袁世凯称帝。但是杨字里有个木字旁，袁字里有个土字头，按照五行相克之说，木克土，因此袁克文认为，杨即是他们袁家的劫数。袁世凯死后，杨到袁林祭拜，袁克文曾有诗道：朱三不是纵横才，死傍燕台事可来。独有杨家老招讨，清明犹为上坟来。

1921年4月，张作霖在天津与曹锟会面。张对曹说：三哥，你看是亲戚亲还是部下亲呢。亲戚指他自己，部下是指吴佩孚。张一直竭力挑唆曹吴关系，他认为吴野心极大，必不肯久居人下。张还指天画地发誓说：我绝对拥护你，如有贰心，日后必死于炮火之下。时隔一年，第一次直奉战争爆发。六年之后，张作霖被日本关东军炸死在皇姑屯。

忠义

甲午战败后,李鸿章作为全权代表赴日谈判。被日本刺客击中面颊,当时晕倒。李苏醒后,特地嘱咐随员将血衣保存好,不要清洗。而后喟然长叹:此血可以报国矣。

清帝逊位之前,冯国璋召集负责守卫紫禁城的全体禁卫军训话,称要以身家性命担保两宫安全及尊号不废。

袁世凯被摄政王载沣开缺回籍。临行前,只有杨度、严修两人送行。严修还特地上了一道措辞严厉的奏折,为袁鸣不平。民国成立后,袁准备称帝,严修极力反对。袁死后,严修专程赶到北京,为其送葬，并将袁的灵柩一直护送到河南彰德。

【编者注】：严修，1860—1929，字范孙，浙江慈溪人。清末民初著名教育家，南开学校创始人。

戊戌变法失败后，慈禧召见刑部尚书赵舒翘，赵答道："此等无父无君之禽兽，杀无赦，不必问供"。他的一个门生私下为六君子说情，赵舒翘悍然曰："汝所言者友谊也，我所执者国法也，南山可移，此安不得动。"

【编者注】：赵舒翘，1847—1901，字展如，陕西西安人。清末大臣，主张借助义和团抵御列强。庚子之役后，被清政府处死。

袁世凯称帝前，袁克文曾做《明志》诗一首，讽谏乃父：乍著微棉强自胜，荒台古槛一凭陵。波飞太液心无往，云起苍崖梦欲腾。几向远林闻怨笛，独林虚室挂明镫。绝临高处多风雨，莫到琼楼最上层。

【编者注】：袁克文，1889—1931，别号寒云，河南项城人。袁世凯次子。

载沣当国后办的第一件事，就是为光绪报仇，要军机大臣拟旨，将袁世凯明正典刑。奕劻、世铎惊愕之下不知所措，张之洞与袁世凯素有芥蒂，临到大节，不计前嫌，侃侃而言，称眼下皇帝年幼，人心不安，必须依赖众多老臣同心协力，辅佐幼主，才能安定天下。摄政王即位第一道上谕就是诛杀老臣，乃不祥之兆，事关国家前途，此举万万不可为。

【编者注】：世铎，1843—1914，爱新觉罗氏，满洲正黄旗。清礼亲王。曾任军机大臣。

段祺瑞的继室张佩蘅是袁世凯的干女儿。当年张的父亲随袁的叔祖平捻阵亡，袁世凯把她收为义女，视若己出。她在洹上村长大，袁家称其大小姐。段原配吴夫人去世，袁世凯把她嫁给了段，所以说袁是把段当女婿看的；段则始终以恩人视袁，因为袁对他还有知遇之恩。

李鸿章死后，袁世凯"亲为文祭之。文字殊不雅驯，然项城（编者，指袁世凯）不肯请他人捉刀，以为非如此不足表敬爱之忱也。"袁的祭文为四言，说到李的事功，曰："手平匪乱，朽拉枯摧。邻邦握手，敦睦无猜。我公之政，游刃恢恢。我公之德，山岳巍巍。出将入相，振外耀中。湘乡并驾，他人难同。天佑我朝，生此巨公。中兴伟业，青史奇功。"

陈宝琛对郑孝胥等人裹挟溥仪成立伪"满洲国"极为不满，称：苏戡（郑孝胥字）这孩子，做事太荒唐。他要是忠于大清，仍留清朝名称，还不失为偏安之局。今称"满洲国"，与前清断绝关系，连祖宗也不承认。将来日本如果胜了，不过是日本的一附庸而已。如果败了则与日偕亡矣。愤懑溢于言表，竟称郑孝胥为孩子，可见陈对郑既鄙视又仇恨。

【编者注】：陈宝琛，1848—1935，字伯潜，福建闽县人。清末大臣，溥仪老师。曾任翰林院侍讲、礼部侍郎、山西巡抚等职。辛亥革命后，仍忠于清室，被授"太傅"。

郑孝胥，1860—1938，字苏戡，福建闽侯人。伪"满洲国"总理，书法家。

张之洞对梁鼎芬极为赏识。梁特别喜欢吃鱼翅，张每次设宴必定命人另外准备一大盘鱼翅送给梁独享。张去世后，梁鼎芬与端方到南皮奔丧，并作挽联：老臣白发，痛矣骑箕，整顿乾坤事粗了；满眼苍生，凄然流涕，徘徊门馆我如何。送殡之后，特地到张氏老宅门前徘徊不走。最后端方无奈，只好强行把他拉走。此后，每次出京南下，火车一进入南皮境内，梁鼎芬必定肃然起立，面向东默哀，待火车驶出南皮县境，方才坐下。

【编者注】：梁鼎芬，1859—1919，字星海，广东番禺人。晚清学者，曾因弹劾李鸿章而名噪一时。

端方，1861—1911，字午桥，托忒克氏，满洲正白旗人。清末大臣。曾代表清政府出国考察宪政。后任川汉铁路督办大臣、署理四川总督，率湖北新军入川镇压保路运动时被起义士兵杀死。

徐世昌任东三省总督后，任命张勋为行营翼长。不久，张勋因为剿匪有功，被慈禧太后授为实缺提督，特许张专折奏事。一旦有张勋的奏折呈上来，即批"着照所请"。因此张对慈禧感恩不尽，心中一直不忘清朝。

汪精卫刺杀载沣不成，被捕后，在狱中写下这样的诗句：慷慨歌燕市，从容做楚囚；引刀成一快，不负少年头。

《马关条约》签订后，李鸿章曾发誓此生永不履日土。后出使俄国必须取道日本。李鸿章不但拒绝入住日方提供的住所，而且换船时绝不坐日本舢板，要求下人在两船之间搭一木板，古稀之年的老翁就这样在颤颤巍巍的木板上走了过去。

1928年2月18日，蒋介石、冯玉祥在郑州义结金兰，冯写给蒋的帖子是：结盟真义，是为主义，碎尸万段，在所不计。敬奉介石如胞弟惠存。谱兄冯玉祥谨订。蒋写给冯的是：安危共仗，甘苦同尝，海枯石烂，死生不渝。敬奉焕章如胞兄惠存。谱弟蒋中正谨订。两年后，中原大战即爆发，这对相约同生共死的盟兄弟，转眼成仇。

王国维的遗体入殓后，当天晚上清华国学研究院师生举行告别会，陈寅恪行三跪九叩大礼，祭拜的学生中却有人作假，在灵堂大哭，干哭无泪。

张作相对张作霖极为忠诚。张学良称，"他对我父亲比我自己对我父亲都好"。即便是当了师长，张作霖也是张嘴就骂，而张作相就是那么恭恭敬敬在那儿听着。

【编者注】：张作相，1881—1949，字辅忱，辽宁义县人。奉系将领。张作霖的把兄弟，皇姑屯事件后，辅佐张学良，在奉系中号称"辅帅"。

张作霖去世后，奉系军政人员开会，讨论东三省保安司令人选。张作相当场表态：如果大元帅（指张作霖）是正常死亡，我一定接他的班。但他现在是这样的遭遇，一定要让张学良继承他的事业。并说：汉卿，你不要多想，我怎么样服从大元帅就怎么服从你。但你要是不好好干，我到屋子里拎着你耳朵打你耳光子。

张作霖就任安国军大元帅后，赵尔巽代子向张女求婚。张作霖认为自己的女儿和赵的儿子差着辈分（张学良叫赵为爷爷），拒绝了这门婚事。不久，赵病故。张作霖大为后悔，对张学良说：我真觉得对不起赵，好像我阔气了，他来求婚我就不答应。不为别的，就是因为辈数。我应该答应他。张作霖死后，张学良和母亲商议后，将自己的三妹，嫁给赵尔巽之子赵世辉。

【编者注】：赵尔巽，1844—1927，字公镶，号次珊，奉天（今辽宁）铁岭人。清末大臣，赵尔丰之兄，其兄弟二人先后出任四川总督。辛亥革命爆发之际，赵任东三省总督，曾依靠张作霖力量对抗革命派。民国后任清史馆馆长，主编《清史稿》。

黄埔军校成立后，经费非常困难。身为广东革命政府财政部长兼广东省长的廖仲恺，总是千方百计满足黄埔的经费。有一天回家，愁眉不展的对妻子何香凝说道：这个黄埔的经费还缺2000元，实在没办法凑齐了。何听后，当即把家中仅有的存款和首饰嫁妆悉数交给廖，暂时解了燃眉之急。

段祺瑞弥留之际，留下亲笔遗嘱曰："余年已七十余，一朝怛化，揆诸生寄死归之理，一切无所萦怀。唯我瞻四方，蹙国万里，民穷财尽，实所痛心。""国虽危弱，必有复兴之望。复兴之道，亦至简单。勿因我见而轻启政争，勿空谈而不顾实践，勿兴不急之务而浪用民财，勿信过激之说而自摇邦本；讲外交者勿忘巩固国防，司教育者勿忘保存国粹，治家者勿弃固有之礼教，求学者勿骛时尚之纷华。本此八勿，以应万有。所谓自力更生者在此，转弱为强者亦在此矣。"

1935年，王揖唐给段祺瑞发了一封内容怪异的电报："玉裁诗集，已预约五部，余诗接洽，再待奉告。王赓。"王揖唐初名志洋，后改名王赓。"玉裁"即清代学者段玉裁，此处借指段祺瑞。"五部"是指所谓的"华北五省自治"。日本人通过王拉段祺瑞下水做汉奸。段复电称："专电转陈。玉公谓：股东决不同，不约其他方面，切勿接洽。即已预约者，请作罢。"消息传出，上海报纸称："预约诗集有五部，段祺瑞不出售；津王某来电，措词闪烁；段复告务须一切作罢，态度坚决可佩。"一时间舆论哗然，众说纷纭。段祺瑞干脆就请《立报》记者把往来的电文公布于众。

胡适说:"有人攻击我,傅斯年总是挺身而出,说:'你们不配骂胡适之。'那意思是只有他才配骂。他也承认这一点。"

郭松龄倒戈反奉,很多人都认为张学良参与在其间,包括张作霖也这么认为。他与王永江等人联名致电张学良,电文称:张汉卿先生阁下,现在军队推举你当东三省总司令、奉天省长,请即刻回来接任。张学良见电报后心里非常难过,要投海自杀,幸亏被卫兵发现拦下。

1939年春,徐世昌患膀胱炎,需动手术治疗。天津医疗条件差,必须到北京治疗。徐担心到北京后,遭日本方面扣留逼他做汉奸,不敢去。当年夏天,即病故。

陈其美殉难后,因慑于袁世凯的淫威,一时无人敢去认领。唯独蒋介石狂奔至现场,抚尸痛哭,随即又冒险将陈的尸体送回浦石路(今长乐路)新民里119号的家中入殓,并亲书祭文:"悲乎哀哉,而今而后,教我勖我,抚我爱我,同安同危,同甘同苦,而同心同德者,殆无其人矣。"旁人无不感叹:"英士(其美)与介石不枉为兄弟一场。"

袁世凯接受帝位后，所下第一道诏令就是册封黎元洪为武义亲王，并命在京一定级别以上官员赴东厂胡同黎元洪住处致贺。册封之前消息已传出。黎元洪在家里召集会议，商量如何应对。张国淦说："副总统果能保持约法上名义，中外观瞻所系，比较上还能达到安全地步，况且事变尚未可知，容有转危为安之一日，即不幸危险发生，副总统为创造民国之人，与民国始终，亦自足以千古。"黎于是点头，"我志已定，决不接受，即牺牲个人，亦所不惜。"12月15日晨，京城文武由国务卿陆征祥率领请见致贺，黎元洪回答说："大总统虽明令发表，但鄙人决不敢领受。盖大总统以鄙人有辛亥武昌首义之勋，故优予褒封，然辛亥革命起义，乃全国人民公意，及无数革命志士流血奋斗，与大总统支持而成。我个人不过滥竽其间，因人成事，决无功绩可言，断不敢冒领崇封，致生无以对国民，死无以对先烈。各位致贺，实愧不敢当。"说完转身就走。

1937年初，日本海军军令部长永野修身到上海面见杜月笙，称日本政府愿意斥资3000万日元，与杜合办"中日建设银公司"，同宋子文办的"中国建设银公司"抗衡，杜当即表示拒绝，称：我是中国百姓，而跟外国政府合办公司，未免太不合体制。

袁世凯称帝一事逐渐明朗后,段祺瑞一面极力反对,一面劝袁。他说:总统于我有知遇之恩,我不能看着他被群小包围而见死不救,不劝他于情于义都说不过去。还说:我反对帝制,只能用口不用兵,我想袁不至对我有所不利,万一有,那我就坐以待之。

张勋逃入荷兰使馆后,段祺瑞并没有穷追不舍。有些人问原因,段说:张勋是我的老朋友,我怎么能伤害他呢。

杜月笙经常对人讲,无论怎样都要言而有信,否则不如不答应。有次川盐银行上海分行开业,杜与范绍增等人一道去乘车祝贺。途中,杜哮喘病发作,几乎连气都喘不过来。同车人看情况不妙,要立即送杜去医院。杜不允,稍微好转后,仍然坚持前往。

孤岛时期,日军特务机关曾打算要黄金荣出任维持会长。黄装病不出。一日,日本特务登门要挟,黄由两个家人搀扶出来,称自己有病在身,且大字不识一个,于国家大事一窍不通,不配当维持会长云云,躲过了日方的威逼。事后,黄曾对人说道:不做维持会长,是怕被人暗杀。无论是为了保全性命,还是出于民族大义,至抗战结束，黄本人始终没有下水当汉奸。

中原大战后，冯玉祥苦心经营20余年的西北军土崩瓦解。在蒋介石的收买之下，冯的嫡系将领石友三、韩复榘、吉鸿昌等纷纷投蒋。宋哲元部驻扎洛阳，也接到蒋军空投的第二十四路军总指挥委任状，宋看后将委任状撕得粉碎。宋部最后被张学良改编为二十九军。

【编者注】：石友三，1891—1940，字汉章，吉林长春人。冯玉祥的十三太保之一，后叛冯，先后归附阎锡山、蒋介石、张学良等，反复无常，人称"倒戈将军"。1940年，准备降日，被部下高树勋活埋。

韩复榘，1890—1938，字向方，河北霸县人。冯玉祥的十三太保之一，后叛冯投蒋，任山东省政府主席。抗战爆发后，不战而放弃山东，后又与刘湘等人密谋倒蒋，1938年被蒋介石处死。

吉鸿昌，1895—1934，字世五，河南扶沟人。冯玉祥的十三太保之一，因作战骁勇，西北军中号称"吉大胆儿"。中原大战后叛冯投蒋，主张抗日反对内战，后加入中共，1933年率察哈尔抗日同盟军收复多伦，1934年被国民党杀害。

宋哲元，1885—1940，字明轩，山东乐陵人。西北军五虎将之一。中原大战后，出任二十九路军军长，驻扎平津。曾指挥长城抗战，喜峰口一战，二十九军大刀队名扬天下。1940年病死。

梁启超在《李文忠公事略》中写道：李鸿章临终前，咬牙切齿道：可恨毓贤误国至此，并为两宫不肯回銮而感到遗憾。而后闭目而逝，享年78岁。丝毫未谈及家事。

【编者注】：毓贤，1842—1901，字佐臣。清代大臣。极端排外，在山东巡抚任内，将义和拳合法化。庚子之役后，被清政府处死。

庚子西狩时，岑春煊从甘肃率兵勤王，夜里亲自在慈禧寝室门外站岗。夜半，忽然听到房间里慈禧失声大叫，岑在门外高喊道：臣岑春煊在此保驾，请太后勿慌。原来是慈禧做了个噩梦。此后，对岑极为仰仗。

李鸿章在春帆楼遇刺后，日本天皇派遣御医来探视。医生说，只要取出子弹，静养数日，创口可以很快痊愈。李鸿章慨然说道：国步艰难，和局之战，刻不容缓。予焉能延宕以误国乎！宁死无割。舍予命而有益于国，亦所不辞。

曹汝霖因卖国贼之名，家人也颇受连累。其子在南开上学，课堂坐的是独桌，没有一个同学肯与他同坐。下了课，也没有人理睬他。

1971年，万墨林七十大寿。陶希圣专门填词一首，以表达对当年杜月笙、万墨林帮助其脱离上海的感念之情。当年陶如果没有逃出上海，恐怕难免参与汪伪政权。词曰：求剧孟之一言而不得，敌军遂败蚍河滨。慨郑庄之门下，危难频仍，至今犹见墨林。七十曰老，墨林不老，抱一片报国之赤心。陶在词中，将杜、万比作西汉时的游侠剧孟和郑当时。

【编者注】：万墨林，1898—1979，上海人。杜月笙的主要助手。1949年后去台。

陶希圣曾对其女陶琴薰说：周佛海、梅思平要送汪精卫先生去南京，我一定要到上海救汪先生出来。我要保存中华民国的体面，要去把"主和"和"投降"两件事区分开来。我是一个书生，过去几十年不曾做过一件对不起人的事。然而，从前我把周、梅二人引荐给汪先生，现在竟然成为我良心上的苦痛，这是我跟随汪先生十余年来惟一对不起他的事。现在我便是赌着性命到上海去纠正他们，以尽我心。

【编者注】：梅思平，1896—1946，名祖芬，浙江永嘉人。历任国民党中央大学、中央政治学校教授。随汪精卫投敌。1946年被国民政府判处死刑。

陶希圣、高宗武携带日汪密约逃离上海到香港。有人要求蒋介石命二人立即公布密约内容，被拒绝。蒋称，待陶先生的三个孩子逃离上海后，再公布也未为迟也。

【编者注】：高宗武，1905—1994，浙江乐清人。民国时日本问题专家，后定居美国。

蒋介石带陶希圣等人登上兵舰，撤离上海。当得知陶的女儿尚在城内，蒋立即下令抛锚停航，派人去接陶女。陶女拒绝上船，兵舰方驶离上海。

戊戌变法失败后，于右任极为悲痛，他在《半哭半笑诗草》首页，印上自己一张打赤膊的照片，旁边题写："爱自由如发妻，换太平一颈血"。

傅作义坚守涿州三个月，弹尽粮绝，与奉方停战谈判。傅效三

傅作义

国关羽"降汉不降曹"故事,将所部改编为国防军,直接受陆军部指挥,永不参加内战。

宋教仁一案影响深远,正如《民立报》社长于右任在路祭宋教仁时所讲:"朗朗乾坤,偌大民国,却容不得一个敢为百姓争民主,为国家争宪政者,公理何在!今天,我不敢为私交哭,不敢为《民立报》哭,实在是为中华民国的前途而痛哭啊!"

1937年2月16日,张学良给东北军高级将领写了一封信,他告诫说:"目下状况要……大力维护此东北三千万父老所寄托此一点武装，吾等必须将吾们的血及此一点武装，供献与东北父老之前。更要者大家共济和衷，仍本从来维护大局拥护领袖之宗旨，以期在抗日战场上，显我身手。"3月3日，蒋介石又让东北军代表周福成、霍守义、吴克仁（王以哲死后任67军军长）等6人到溪口见张学良。张氏再次告诫他们："你要知道，凡是一个现代国家，军队都是国家的，东北军也绝不是我张某一人的。……将来东北军就是一连甚至一排的被分别调到任何地方去作战，都要接受上级的指挥，这样才配做一个现代军人。"

因为爱情

辛亥时,江浙联军捕获张勋的爱妾小毛子。陈其美建议将其解到上海,放在张园任人参观,每人收门票4毛,据陈估计至少会有10万元的收入可以充作军饷。徐绍桢不同意,特派人护送小毛子到徐州张勋处。张勋喜出望外,派辫子兵摆队到车站迎接,并将所扣机车14辆、客车80辆归还作为酬谢。

【编者注】:徐绍桢,1861—1936,字固卿,广东番禺人。清末新军第九镇统制,武昌起义后率部在南京起义,民国成立后,被孙中山任命为南京卫戍总督。

抗战爆发后，清华南迁。朱自清因家室拖累陷入两难。其妻陈竹隐劝道：你的命运已经和清华的命运紧密联系在一起，绝不能在学校境况危险的时候苟且偷安，你留在北平，生活在日本人的监视之下，这是怯懦，是屈辱。你一定不能这样做，我知道你是放心不下我和孩子，我向你保证，我一定尽力照顾好这个家。总有一天，我们一家人还会团聚的。

曹诚英是胡适三嫂的妹妹，胡与曹相恋极深，一度想与发妻江冬秀离婚。江听后，去厨房拿来菜刀，对胡说：离婚可以，我先把两个儿子杀掉。胡适只好放弃了离婚的念头。

郁达夫赞扬徐志摩和陆小曼的爱情说：我佩服志摩的纯真与小曼的勇敢到了无以复加。假使我马上要死的话，在我死的前头，我就只想做一篇伟大的史诗，来赞美志摩和小曼。

据梁实秋回忆，王赓与陆小曼离婚后，曾找到徐志摩说：我们大家是知识分子。我虽然和小曼离婚了，内心却对他没有什么成见；可是你此后对他务必始终如一，如果你三心二意，给我知道，我必定以激烈手段相对。

【编者注】：王赓，1895—1942，江苏无锡人。陆小曼前夫，毕业于美国西点军校，曾作为中国代表团武官出席巴黎和会。

梁启超在徐志摩陆小曼婚礼的第二天，致信其儿子梁思成、儿媳林徽因称：徐志摩这个人很聪明，我爱他，不过这次看着他陷于灭顶，还想救他出来。我想他若从此见摈于社会，固然自作自受，无可怨恨，但觉得这个人太可惜了，我又看着他找这样一个人做伴侣，怕他将来痛苦更无限，所以对于那个人当头一棍，盼望他能有觉悟（但恐很难），免得将来把徐志摩弄死，但恐不过是我极痴的婆心便了。谁料，一语成谶，五年后诗人徐志摩殒命济南党家庄。

徐志摩和陆小曼婚后并不幸福。有朋友劝徐与陆离婚，徐称：小曼是因为我才离婚的，如果我再和她离婚，那她一辈子就毁了，我不能为了自己不要她。

江苏宜兴女子蒋碧薇，年仅18岁与徐志摩私奔东渡日本。两人婚后因性格志趣不和，感情日渐疏远，于1945年分手。后蒋随国民党宣传部长张道藩去了台湾，因张有家室，蒋张相恋多年，但并未成婚。二人于1958年分手。蒋晚年写成一部长达50余万字的回忆录，上篇叫《我与悲鸿》，下篇叫《我与道藩》。

徐志摩曾送给徐悲鸿两句话：你爱，你就热热地爱；你恨，你

梁思成与林徽因

也热热地恨。

石评梅得知恋人吴天放有家室之后,在日记中发誓道:我绝不再恋爱,绝不结婚!今生今世抱独身主义!我可以和任何青年来往,但绝不再爱。如果谁想爱我,只能在我的独身主义的利剑面前,陷在永远痛苦的深渊里!

【编者注】：石评梅，1902—1928，山西平定人。近代著名女作家。

萧乾曾说：林徽因坦荡，金岳霖克制，梁思成宽容，三人皆诚信磊落之君，没有见过这样的"三角"。

【编者注】：萧乾，1910—1999，北京人。著名记者，翻译家。

1932年，梁思成从宝坻调查回来，林徽因告诉他，自己同时爱上了两个人。梁答，你是自由的。如果你选择了金（岳霖），我祝你们幸福。林将梁的话转告金。金说道：看来思成是真正爱你的，我不能去伤害一个真正爱你的人，我应当退出。此后，梁、林再也没有谈论过此事。后来，三人始终是好朋友，甚至梁思成夫妇吵架，也会请金岳霖来"仲裁"。

邵元冲追求张默君多年。据说，张曾提出，除非邵当了博士或硕士以及获得少将以上的头衔才同他结婚。邵果然到美国读了硕士，后又担任粤军总司令部少将秘书长，方终于抱得美人归。

【编者注】：邵元冲，1890—1936，字翼如，浙江绍兴人。国民党将领，参加过"二次革命"，曾任孙中山机要秘书。西安事变时，中流弹而死。

张默君,1883—1965,湖南湘乡人。近代妇女活动家,曾任国民政府考试院委员,立法院委员。1949年去台。

太平军攻至金陵城下,清军整队准备出兵抵抗。部队集结完毕,等待两江总督陆建瀛率众祭旗,就要开出城外。左等右等,陆就是不出来。后来才知道,陆在家中与爱妾执手相对而泣,唯恐此一去便再无见面之时。

郁达夫称其原配夫人孙荃,"裙布衣钗,貌颇不扬,然吐属风流,亦有可取之处"。在安庆一中的时候,每天中午12点下课,郁达夫一定要跑回家去看夫人。为了赶时间,他走路特别快,只要有十几分钟的空闲,也必定旋风一样跑回家去。当王映霞出现以后,这一切都发生了改变。

1927年1月14日,郁达夫在同窗孙百刚家中遇到杭州美女王映霞,一见倾心。晚饭后,回到寓所,郁已"想煞了霞君"。他在当天的日记中记到,"心又被她搅乱了,此事当竭力的进行,求得和她做一个永久的朋友。"

1935年2月9日,66岁的熊希龄与33岁的毛彦文在上海西藏

66岁的前北洋国务总理熊希龄剃去了数十年所蓄胡须,与33岁的毛彦文女士举行了盛大的西式婚礼

路慕尔堂举行西式婚礼。当时各大报纸都对这一婚礼进行了报道。《申报》称:婚前,熊蓄须多年,长近一尺,因担心新娘不喜欢,婚前竟然忍痛剃去。又因为不熟悉西式婚礼礼仪,特地到教堂练习了一个半小时。喜宴席间,有来宾要新郎新娘介绍恋爱经过及新郎剃去多年留蓄美须的动机,《益世报》称,年过花甲的老新郎、前北洋国务总理熊希龄说道:近年来,我非但不觉得老,反而感觉一年比一年年轻。至于胡须么,如果一个人连须发都不舍得牺牲,如

何能为社会为国家做事。因此，我毅然牺牲跟随自己几十年的长髯，而与毛女士结婚。

熊希龄与毛彦文的婚礼来宾颇多。段祺瑞派代表梁鸿志到场祝贺。梁与熊是多年同事，见熊的胡须竟然剃光了，便伸手去摸熊的下巴，引得在场来宾哄堂大笑。

【编者注】：梁鸿志，1882—1946，字众异，福建长乐人。曾任段祺瑞执政府秘书长，抗战时投敌。1946年因汉奸罪，被国民政府枪决。

见地

五四运动后,梁漱溟发表《论学生事件》一文,谈到学生痛打章宗祥、火烧赵家楼时说:我们纵然是爱国急公的行为,也不能侵犯他,加暴行于他。纵是国民公众的举动,也不能横行,不管不顾。绝不能说我们所做的都对,就犯法也可以使得……我以为这实是极大的毛病。什么毛病,就是专顾自己,不管别人,这是几千年专制(处处是专制,不单政治一事)养成的。

张勋通电反对惩办洪宪帝制祸首,说:"君主民主,主张虽有不同,无非各抒己见,罪魁功首,岂能以成败为衡?"

蔡锷到北京后,为了摸清袁世凯的虚实,每天必到袁处陪其办

1919年,梁漱溟(左三)与张申府(左一)、李大钊(左二)在中央公园(今北京中山公园)留影

公。袁世凯对蔡颇为信任,进剿白狼的一切计划情报及有关文电都交蔡锷审阅。北洋军的底细及弱点暴露无遗,蔡锷曾对自己的参谋长说:为了剿平白狼先后调动了全部兵力的三分之二,历时近两年,耗费饷弹无数。谁说小站之兵足以威震天下。云南一个师,足以打败北洋军十个师。就军事而言,袁必败。因此信心十足,毅然回到云南发动护国之役。

【编者注】:白狼,本名白朗,1873—1914,河南宝丰人。1912

年发动起义，起初以"劫富济贫"为宗旨，后逐渐转向反对袁世凯。白自称中华民国抚汉讨袁司令。1914年兵败被杀。

胡林翼年轻时喜到勾栏冶游。有人向其岳父陶澍告状，陶不以为然道：润之（胡林翼字）他日为国操劳，没有时间行乐，现在之所为是对他日后辛劳的补偿。

【编者注】：胡林翼，1812—1861，号润之，湖南益阳人。晚清中兴名臣，湘军重要将领。

陶澍，1779—1839，字子霖，湖南安化人。清代大臣，曾任两江总督。

《马关条约》签订后，陈宝箴、陈三立父子致电张之洞，称李鸿章作为封疆大吏，非常清楚中日之战的后果，如果以死犯言直谏，十有八九可以让皇帝收回成命。结果李却为了止谤塞责，置国家社稷于不顾，贸然开战，招致惨败。陈氏父子呼吁张之洞联合各省督抚上书，请斩李鸿章以谢天下。

北伐军屯兵武昌城下，吴佩孚将刘佐龙提拔为湖北省长。有人对吴说：刘不可靠。吴苦笑道：如果打胜仗，靠不住的人也就靠住了，如果打败仗，靠得住的人也会靠不住了。

【编者注】：刘佐龙，1874—1936，湖北天门人。民国将领。

五四后，蔡元培对未来极为担心，他认为：今后将不易维持纪律，学生们很可能为胜利陶醉。他们既然尝到了权力的滋味，以后他们的欲望恐怕难以满足了。

1938年7月，蒋介石召集相关人士讨论对张鼓峰事件的看法。张季鸾认为该事件是新日俄战争的开端。大部分与会人士都赞成这种看法。蒋廷黻认为这只是一次边境冲突，起于双方的带兵官，并非两国政府事先命令他们开战的。苏军前线将领的行动不仅没有受到上级命令，而且很可能是违反上级规定的。蒋介石对此看法表示认同，并表示"我们要自己努力，就当作张鼓峰事件没有发生过"。

【编者注】：张鼓峰事件，1938年七八月间，苏联与日本在中国张鼓峰地区发生的武装冲突，以日本惨败而告终。

抗战期间，重庆电力非常紧张。蒋廷黻建议，借助日光节约电力，每年从4月1日起将表拨快一小时。孔祥熙第一个反对，说从没听说过这种办法。他不明白人怎么可以任意将时间提前或者错后，孔表示，他同意将办公时间提前，但不能随便拨快钟表。有人附和说，蒋此举是破坏自然。后来，美国人提出了相同的建议，却被国民党政府采纳了。

抗战期间，国民党的征兵制度极为黑暗。结果导致，农村损失了100名劳动力，而前线最多只能增加25名战斗员，年轻人尽量利用各种机会从营房或行军途中逃亡。蒋廷黻了解这一情况后，建议把征兵的数目减少一半，将士兵薪饷增加一倍，军队需要兵员，而国家也需要生产。时任军政部长的何应钦得知蒋的建议后，斥其为神经不正常。

九一八事变爆发不久，张学良派专车到天津，将颜惠庆、顾维钧、章士钊、陆宗舆、张国淦、曹汝霖等北洋元老接到北平，商讨对策。颜惠庆主张派要员到奉天面见关东军司令本庄繁，作初步试探，摸清对方底牌，再做方针，报告政府，请示办理。顾维钧也赞同颜的建议。曹汝霖认为报告中央是毋庸置疑的，但是趁日本政府尚能控制军方力量、还没有打算扩大冲突规模之际，最好能作为地方事件处理，如果日本方面提出条件，只要不损害领土主权，请示政府，应该迅速了结此事，不宜拖延。张听后，表示派员到奉天，也要先请示中央。

1923年，北京政府为解决国会会场狭小问题，决定拆掉故宫三大殿改建为西式议院。吴佩孚听闻后，立即给大总统、总理、内务总长、财政总长发了电报："……据云，百国宫殿，精美则有之，无有能比三殿之雄壮者。此不止中国之奇迹，实大地百国之瑰宝。……若果拆毁，则中国永丧此巨工古物，重为万国所笑，即亦不计，亦何忍以数百年故宫，供数人中饱之资乎？务希毅力维一大地百国之瑰宝无任欣辛盼祷之至。"各报刊争相登载吴氏通电，举国上下坚决拥护，故宫三大殿得以保护。

张之洞晚年，有人向他汇报称各省排满风气日益浓厚。张深思半响，叹气道：据我看来，不是汉人排满，简直是满人在排汉。

武昌起义后，那桐举荐袁世凯率部南下。有人质问那桐：此举岂不是加速大清灭亡么！那桐答道：大势已去，不用袁指日可亡，如果用袁或许可以推迟甚至不亡。

张勋进京之前，路过天津专程去拜会徐世昌。徐对张说：你到北京调停黎（元洪）段（祺瑞）之争，尽管放手去办，只是复辟一事，此时万不可行。

赵烈文与曾国藩在探讨清朝前景时说，不出50年大清必亡。曾问：难道不能南迁么？赵答曰：恐不能效晋宋也。赵目光如炬，

40余年后，清亡。

【编者注】：赵烈文，1832—1893，字惠甫，江苏常熟人。曾国藩幕僚。其日记为研究太平天国、曾国藩的重要史料。

一二八事变后第三天（即2月1日），蒋百里从报纸上看到日本陆相觐见天皇的消息后，对曹聚仁说，2月5日早晨，日军援兵一个师团将抵达上海。曹问原因。蒋答：陆相应为向天皇报告日军正式开战。以日本当时的运输能力，3天之内可以运送一个师团的兵员和装备到达上海。随后将这一判断通知了十九路军。果不其然，一二八事变中，日军的第一次反攻是从2月5日开始的。

【编者注】：曹聚仁，1900—1972，浙江兰溪人。著名记者，作家。

小凤仙问蔡锷为何要反对袁世凯称帝。蔡答道：现在我们见面拉拉手就可以了，如果袁做了皇帝，我们就要向他跪拜，那哪里受得了。

梁启超认为，清末民营的资本：人人以附股为爱国之义务，于是妇女拔簪珥，儿童节羔枣，相率投之若恐后，然此种现象，果遂为国家之福乎？夫附股者，一种之企业行为也，苟附股之动机而非发自企业心，则一国生计之基础，必有受其弊者。盖多数之股东，视其股本有同义捐，而怠于监督之义务，则公司之精神，自兹腐矣。

1896年，李鸿章访美，接受《纽约时报》采访时，谈到中美两国报纸的异同时，坦言道：中国也有很多报纸，但遗憾的是中国的编辑们不愿意将真相告诉读者，他们不像你们的报纸讲真话。中国的编辑们讲真话的时候，非常吝啬，他们只讲部分真话。因为不能说明真相，中国的报纸就失去了新闻本身的价值，也就未能成为传播文明的真正载体。

西安事变发生，汪精卫问顾维钧：蒋介石有没有被放出来的可能。顾说有此可能。汪听后大为惊讶，从此就不往下问了。顾维钧后来分析，汪之所以没再往下说，是因为他断定蒋没有出来的可能，即便出来，也是威信扫地，不可能再有号召力了。而顾维钧之所以认为蒋有出来的可能，是基于对张学良的了解，根据张学良处事的态度加以判断的。

顾维钧认为：中国外交，从巴黎和会以来所犯的毛病，就是大家乱咬价钱，不愿意吃明亏，结果吃暗亏；不愿意吃小亏，结果就吃大亏。办外交，要会争，也要会让。当争的时候必争，当让的时候必让。只争不让，那就是下命令，强迫对方接受我的命令。在一些外交事件中，群众情绪激昂，喊出了"宁为玉碎，不为瓦全"的口号。一个民族，一个国家是子孙万代的事情。我们这一代的人，只能当这一代人的家，哪里能当子孙万代的家？个人"玉碎"还可以，一个民族是"玉碎"不得的。

中山舰事件发生前十天左右，广州书摊、旧书店里的某期《黄埔半月刊》被人一扫而光。何香凝得知后，非常诧异，就让人找来一本看。原来上面登载有蒋介石在黄埔纪念周的一篇讲话，全篇的口气都很左，其中特别谈到：革命一定要联俄、联共。今天，虽然总理已逝世了，不能再领导我们的了，但还有鲍（指鲍罗廷）顾问继续领导我们到底。何香凝看后，感觉蒋将有所动作，是他派人收缴了这本刊物，想提前消灭自己言行相悖的证据。果不其然，几天后，就爆发了"中山舰事件"。

1915年初，袁克定请梁启超吃饭，席间有意无意的问道：近来舆论说共和不适合国情，卓如（编者：梁启超字）先生有何高见。梁答：我生平只研究政体很少研究国体。梁聪明绝顶，当即明白袁氏父子想搞帝制。宴后不久，即把家眷从北京送至天津，他本人则于3月25日出京，取道天津回广东老家。

1920年直皖战争后，直、奉两系军阀共同控制了北京政权，并推荐靳云鹏组阁。后来，张作霖改为支持梁士诒出任国务总理，迫使靳云鹏辞职，直、奉矛盾由此尖锐。张作霖兵强马壮，决意武力对付直系。对此，王永江坚决反对。他认为，东北久病初愈，应继续搞好民生建设，不应自不量力，有问鼎中原的贪欲。但张作霖一意孤行，王永江愤笔写道："英雄见与书生异，书生抱负济何事？"

【编者注】：靳云鹏，1877—1951，字翼青，山东邹县人。北洋政府总理。1942年出任伪华北政务委员会下属谘议会委员。1951年在天津病死。

王永江，1871—1927，字岷源，大连金州人。奉系重要成员，东北大学首任校长。

汪精卫刺杀摄政王载沣未遂，被捕后，曾遭到庆亲王奕劻的提审。奕劻对汪说道：你们这革命是有原因的。是看我们大清太坏了，假如你们成功了，我看还不如我们清朝。

1909年10月，伊藤博文到访中国，会见东三省总督锡良、奉天巡抚程德全时说：中国初办宪政，一切正在艰难，民意断难即恃，更不可妄恃强力。贵国现在热心主张收回权利，收回权利固属好事，然不知收回权利尤须能保此权利不更为他人侵害。若徒将权利主张收回，而不能实保权利，则旋收旋失，徒然无益。一切机关俱不完全，则尚非真收回权利。此次我系旁观之人，故特反复言之，尤愿贵国以后千万勿以感情二字做政治上至观念。三天后，伊藤在哈尔滨遇刺身亡。

鲍罗廷是俄国犹太人，留有八字胡，与夫人共同来华。鲍为人精明强干，口才很好，言之成理。精通马克思学说，认为中国革命是阶级联合、由中国国民党领导的反帝反封建的国民革命；他是主张有步骤革命，不能冒进，要把工农运动组织好，利用革命武力扫除障碍，始得推进的缓慢革命论者。

杜月笙认为天下一共有四类人：有本领而无脾气者居上，有本领有脾气者居中，无本领无脾气者第三，无本领却有脾气者不入流。

长城抗战期间，国内报纸尤其是上海各报，对二十九军大刀队极尽渲染之能事。战后，黄绍竑与史量才谈起此事时说：新闻界不去宣传正规军的新式武器，而来鼓吹大刀队，不是又要演出义和团的老把戏了么。史答：新的没有得吹，只好把旧的来吹吹。

甲午之战中日议和时，两江总督张之洞上书清廷，提出：请求朝廷派出使臣与俄国签订密约，"酌量将新疆之地以酬之，许以推广商务"，在俄国的支持下，一定可以扭转战局。这样损失也仅相当于赔偿给日本的一半而已。张还强调，如果英国肯帮助中国对日作战，"报酬亦同"。与李鸿章的主张不谋而合。当时中国所谓外交家的眼光手段，基本上没什么太大区别。

中俄伊犁交涉紧张之际，戈登恰好到天津拜访李鸿章。李向戈登咨询对中俄之争的看法，戈登说道：从现在中国的情况来看，日后很难在世界上立足。除非足下取而代之，大加整顿。足下如果有此之意，我愿意效犬马之劳。李听后，为之色变。

傅斯年说：我是宁死不请教中医的，因为我觉得若不如此便对不起我所受的教育。

陈寅恪认为中医"有见效之药，无可通之理"。

1926年春，鲍罗廷在广州农民运动讲习所作报告，题目为太平天国失败的原因。鲍认为，如果当时太平军能够明析向长江下游进军，会和帝国主义直接冲突，就应该在占领武汉后向河南进军，占据陕西作为根据地，然后向北进攻。1927年，武汉政府没有东向长江下游进军，反而挥师北上河南，与鲍的思想不无关系。

西安事变爆发后，胡适以北平各大学校长的联合名义，致电张学良：陕中之变，名为抗战，实则自坏长城。他认为蒋如果出现不测，中国要倒退20年。事变解决后，第二天，北大开庆祝会，胡第一个上台发表演讲。

孙传芳曾提出"三爱主义"对抗孙中山的"三民主义"，一时传为笑谈。所谓三爱主义，即"爱国家，爱人民，爱敌人。"

章太炎就任筹边使后，一改原来"本初（袁世凯）刘表（黎元洪）"的讽刺口气，主张"黎袁合作，抵制孙黄"。他说：以项城之雄略，黄陂之果毅，左提右挈，中国宜无灭亡之道。

宋教仁被刺后，黄兴写了一副对联，揭露袁世凯的流氓无赖行径：前年杀吴禄贞，去年杀张振武，今年又杀宋教仁；你说是应桂馨，他说是洪述祖，我说确是袁世凯。

据《吴宓日记》1937年7月14日记载："晚饭后，与陈寅恪散步。寅恪谓中国之人，下愚而上诈。此次事变，结果必为屈服。华北与中央皆无志抵抗。且抵抗必亡国，屈服乃上策。保全华南，悉心备战；将来或可逐渐恢复，至少中国尚可偏安苟存。一战则全局覆没，而中国永亡矣云云。"7月21日又记："惟寅恪仍持前论，一力主和。谓战则亡国，和可偏安，徐图恢复。"

政坛秘辛

曹锟贿选成功,黎元洪下野回到天津,对人说:"我问心无愧。让我做总统是他们,苦苦地请我去。现在不让我做总统也是他们。"

杨宇霆曾说:大家都怀疑我在大帅(指张作霖)去世后,要做东北首屈一指的领导人。我是亲自看汉卿(张学良字)长大的。我是忠于张家的。我要效法周公辅佐成王的先例。我要和周公一样将来交出权力。说完这番话三个星期后,杨被张学良处死。

张勋复辟失败后,躲进荷兰使馆。时任警察总监的吴炳湘前去探望，张见面第一句就问：皇上怎么样了。吴默然曰：这碍着皇上什么事！张听后默然不语。

张勋拥戴宣统复辟前，其部下苏锡麟曾竭力劝阻。张说：大家公推我出来，况且事情已经弄到现在，不办也不行了。再说我也愿意办，就是他们骗了我，使我为这件事死了也心甘情愿。咱不能说了不算，要干就干到底。

英日同盟成立后，德皇威廉二世秘密会见出使德国的中国公使孙宝琦，表示希望与中国、美国结成三国同盟对抗英日。因消息走露，日本从中作梗，最后三国同盟计划无疾而终。

溥仪回忆，袁世凯称帝前，清室与袁曾有过交易。清室拥护袁称帝，袁承认优待条件。内务府给袁一个正式公文：现由全国国民代表决定君主立宪国体，并推戴大总统为中华帝国大皇帝，为除旧更新之计，做长治久安之谋，凡我皇室，极表赞成。作为交换，袁世凯亲笔在优待条件上写了一段跋语：先朝政权，未能保全，仅留尊号，至今耿耿。所有优待条件各节，无论何时断乎不许变更，应当列入宪法。袁世凯乙卯孟冬。

邵飘萍为躲避奉系迫害，躲进东交民巷俄国使馆，同时在六国饭店开了一个房间，接待来访客人。张翰举经常去六国饭店看望，并称：可设法与张学良疏通，张已经答应接见云云。1926年4月22日，邵飘萍回报馆处理事情，为安全起见，专门打电话给张翰举。张让邵放心回去，并以人格担保绝对不会出事情。邵飘萍在报馆停留不到一个小时，刚出魏染胡同南口，即被奉系便衣逮捕。

民国初期军政执法处权力极大，视人命如草芥。一天，执法处长陆建章正在喝酒，看守来报告说，天气炎热，牢房狭窄而犯人众多，如何处置。陆当即叫人取来犯人花名册，用红笔圈了几页，交执法处全部枪决。牢房不够用的问题，就这样解决了。

【编者注】：陆建章，1862—1918，字朗斋，安徽蒙城人。北洋将领。1918年被皖系徐树铮诱杀于天津。

慈禧待光绪非常残酷，日常生活需求也很难满足。光绪曾对翁同龢说：天下食物，我想顶好是烧鸭，你吃过没有，我也不容易吃得着。又一次，遇到奕訢之女（那拉氏义女，俗称大公主），说自己汗衫裤已经多天没换了，请她给想想办法。大宫主回家后，秘密派人把自己儿子的衣服送给光绪。还有一次，光绪病愈不久去给慈禧请安。慈禧赐给他一大碗非常肥腻的炖肉，按宫中惯例，需要当面吃光。光绪勉强把一大碗肥肉吃光，回去后马上又病了。

慈禧太后对李莲英、崔玉贵只是宠信而已，决无受其包围、操纵之事。小德张对隆裕太后则不然。假如他说"太后应忌生冷"，隆裕便不敢吃凉东西，甚至因为口渴难耐而偷喝漱口用的凉水。他说，"太后应多遛一遛"。隆裕便一步轿子也不敢坐，经常累得满头大汗。

珍妃的父亲任广州将军时，聘请文廷式为西席教师，教家中子女读书。珍妃入宫后，文廷式与其宫中太监闻海结为金兰之好。外省官员有事则通过文廷式与闻海的关系，请托珍妃向光绪皇帝进言，几乎没有办不成的。

【编者注】：文廷式，1856—1904，字道希，江西萍乡人。清末官员，帝党重要人物，支持维新变法。

同盟会经费筹备非常之难。赵声曾与同志商议，利用一位青年女同志化装成卖身的女嫁娘，诱惑某富翁，一旦钱到手，就伺机逃脱。

老太监信修明回忆：光绪在生理上有病。大婚之夜，慈禧派了4位年长而尊的王妃命妇在坤宁宫喜帐后听房，只听见皇后叹了口气道,这也是你们家的德行啊!从此皇后与光绪失欢。

1914年,袁世凯为了集大权于一身,将国务院改为政事堂。不久,徐世昌任国务卿。就职后即规定:凡文武官员不管在清朝任何官职,无论大小,一律列入履历,与在民国的经历同等对待。

信修明说,"西逃途中,李莲英见光绪穿得少,就拿了自己的衣裳给了光绪,光绪说:'李安达,你身上不冷吗?'李莲英说:'奴才死一万次又何足惜呢?'"这事让光绪很感动。据说光绪病重弥留之际,隆裕皇后去看他,他还口述两道密旨,第一杀袁世凯,第二厚待李莲英。

民国期间,关于李鸿章的资料在他1896年代表清政府参加沙皇尼古拉二世加冕典礼以前是齐全的,但从1896到1900年的资料却是缺失的。这五年的资料去向说法不一。其中最富戏剧性的一个说法是:著名学者、保定莲池书院山长吴汝纶负责编纂李鸿章资料,当年李的手稿都是送到保定,由木工镂刻字板,以备印刷。后来,驻京的俄国使团人员买通字版保管人,将1896到1900年的字版全部毁掉。李鸿章晚年与俄国使团工作密切,1898年签订过《中俄密约》,此后又与沙俄谈判过租界旅大以及在东北修筑铁路等等。据苏联成立后所公布的沙俄档案材料显示,1898年任沙俄财政部长的维特为完成以上交涉曾向李鸿章行贿50万卢布。沙俄政府为了将此事保密，所以才设法毁掉中国相关资料。

戊戌政变后，梁启超逃入日本使馆。日本公使林权助在没有得到国内指示之前，不敢轻易庇护梁。当时正在使馆的伊藤博文表示：那么就救他吧。救他逃亡日本，由我来照顾他。梁这位青年，对于中国来说，实在是宝贵的人物。梁启超得以被秘密送往日本。

光绪七年（1881年），慈禧突患重病，征集中外名医入宫医治。医生均以为是血崩，所开药方都不见效。薛福成之兄薛福辰为慈禧把脉后，仍然诊断为血崩，但是所开药方都是产后疏瘀滋补之药。用药后，慈禧很快恢复健康。

【编者注】：薛福成，1838—1894，字叔耘，江苏无锡人。清末外交家。

甲午战争之际，慈禧准备将自己历年积攒的钱财共约1500万英镑，交给汇丰银行运到英国以备不时之需。但是汇丰银行提出要收取2.5%的手续费，慈禧不肯，待战事平息后，这件事就放了下来。庚子之役，慈禧带光绪帝仓皇出逃，带不走的金银一律埋在地下，被发现后丢失不少，只剩900多万。回銮后，继续收敛。到慈禧去世时，已经达到2500万英镑。世称"孝亲遗帑"。

据野史《清代之竹头木屑》记载：林则徐在虎门销毁的鸦片，是按照一箱茶叶换一箱烟土的比例，从英国商人处收缴而来。但是承办人非但以次充好，还在茶叶箱中混入沙土。运到欧洲后，无法销售。英国商人损失惨重，乃鼓动政府发动战争。

李鸿章平生惟一的憾事，是没有做过主考官。戊戌会试时，李正好在京师，雄心勃勃势在必得，结果未能如愿。即便是阅卷大臣，也没轮到一次。李对此一直耿耿于怀。

端方向慈禧汇报新政施行情况。慈禧问道：新政都在施行，朝廷该办的都办了吧？端方答道：还有一事，尚未立宪。慈禧问：立宪能如何？端方答：朝廷如果实行立宪，可保皇上世袭罔替。慈禧为此所打动。

冯玉祥因受吴佩孚排挤，痛哭流涕向曹锟诉苦：吴玉帅（编者：吴佩孚字子玉）压迫我，弄得我不知怎样办才好，看样子他是要缴我的械。曹锟安慰道：不会，他怎么能缴你的械。既然你俩不和，我另给你想办法，你上我身子后头待着去吧。不久，曹即委任冯为陆军检阅使，率部移驻南苑。冯对曹很感激，一直表示竭诚拥戴。当时直系中人，几乎没人怀疑他有倒曹吴的计划。

直至天京被围，危在旦夕，洪秀全仍在极力神化他的作用，"朕奉上帝圣旨，天兄耶稣圣旨，下凡作天下万国独一真主，何惧之有！""朕之天兵多过于水，何惧曾妖乎？"迨至临死，仍然降诏，"大众安心，朕即上天堂，向天父天兄领到天兵，保固天京。"

清末肃亲王善耆以严厉手段推行警政。有个贝勒因乘马车超速而且躲避巡警执法，善耆得知后，亲自出面查扣了车辆。他的夫人违反交通规则也同样被处罚。

庆亲王奕劻贪腐之名远播，外国人也知道这一情况。《泰晤士报》、《纽约时报》等著名媒体在报道奕劻时，称他家是中国官场的集市，连门房都设了收费站。

朝鲜壬午兵变后，清政府开始在朝鲜驻军。时在军中的张謇向清政府提出《朝鲜善后六策》：主张废除朝鲜王国，设置郡县，纳入中国版图，朝鲜大院君也建议清政府仿效元朝，在朝鲜设行省、派监国。李鸿章看后，痛斥张謇多事。

1929年，清室太监赵德山向在北平的第三集团军总司令部行营主任梁巨川密报：西四羊肉胡同7号清朝某王府地下埋藏着大量白银。梁向阎锡山汇报，阎即花大价钱将王府买下，从8月份开始，在府内挖掘财宝。前后派了20多名工人，历时半年，花费10余万元，始终没有挖到银子。

国民党内部斗争极为激烈。"政学系"为了离间蒋介石与陈氏兄弟（陈立夫、陈果夫）的关系，在国民党中央某次的选举上操纵选票，结果陈立夫票数居然高过了蒋介石。即便监票人将蒋中正的"正"字当做5票，也计算进去，陈仍然高出蒋数票。蒋得知这一结果后，勃然大怒，竟然举起椅子砸向陈立夫。

伊藤博文遭到朝鲜爱国者安重根刺杀身亡后，清朝主管哈尔滨海关的滨江关道施肇基立即命令停发所有电报，封锁对外消息。同时第一时间报告北京外务部，建议在此案调查清楚前绝对不可以发任何形式的正式声明，如果外人问及此事，政府绝对不能有任何"保护不周"等表示歉意的表态，以免给日本人造成口实。安重根的口供出来之后，施肇基亲自为外务部草拟了英文新闻通稿，转交在京的外国媒体。轻松化解了这一重大外交危机。

西安事变爆发前数小时，张学良召集东北军干部会议，宣布这一决定。与会者听后大都默不作声，只有于学忠问道：少帅，抓起来容易,您考虑过没有,以后如何放他。张学良答:现在考虑不了那么多了,先抓起来再说。

胡蝶是30年代影坛上红极一时的电影名星,在马君武诗发表第二天,即在上海《申报》上刊登声明:"蝶于上月为摄演影剧曾赴北平,抵平之日,适逢国难,明星同人乃开会集议公决,抵制日货,并规定罚规,禁止男女演员私自出外游戏及酬酢,所有私人宴会一概予以谢绝。留平五十余日,未尝一涉舞场。"她愤然强调:"蝶亦国民一份子也,虽尚未能以颈血溅仇人,岂能于国难当前之时,与负守土责者相与跳舞耶!"30多年后,胡蝶在台湾说:"我已蒙了三十多年的冤枉了,因为从来我就没见过张学良。在九一八前,我跟着到北平拍外景,但火车到了天津,就遇沈阳退兵,客车就不通了。我根本没到北平,还能和张跳舞吗?"她苦笑着说:"当时马君武那首诗,对我的事业是很有帮助的,使我因而红了起来。现在我已老了,我要澄清事实,以免将来的历史,永远错误下去。"

【编者注】:马君武,1881—1940,字厚山。广西桂林人。近代学者、教育家。早年参加同盟会,广西大学创建者、首任校长。九一八事变后,马激于义愤,写了两首诗讽刺张学良不抵抗,"赵四风流朱五狂,翩翩蝴蝶最当行;温柔乡是英雄冢,哪管东师入沈

胡蝶

阳"。"告急军书夜半来,开场弦管又相催,沈阳已陷休回顾,更抱阿娇舞几回"。

1937年11月20日,蒋介石发布迁都重庆命令,决心持久抗战,在日记中写道:"老派与文人,心皆动摇,主张求和。彼不知此时求和,乃为降服,而非和议也。"

伊利诺伊大学校长提醒西奥多·罗斯福总统:哪一个国家能够成功教育这一代中国青年,哪一个国家就将因此而在精神与商业两方面收获最大的回报。如果美国在35年前能成功吸引中国的留学潮流，并使其壮大，那么我们此时就能以最圆满和最巧妙的方式控制中国的发展，那就是以知识和精神支配中国领袖的方式。与军旗相比，道义与精神将更有力地支配商业。

甲午战争后，日本从中国获得的巨大利益，令西方列强纷纷改变对中国的外交政策，用非洲事务专家出任驻华公使，代替老资格、相对温和的中国通。总税务司赫德曾经这样评价英国新任驻华公使、驻开罗总领事窦纳乐：此人对东方事务一无所知，其工作方法就是基于对付非洲黑人的经验，这将破坏我们多年来将中国人视为有文化和文明的民族的努力。

江湖人·江湖事

王亚樵及其斧头帮曾在上海滩盛极一时,杜月笙也对他礼让三分。王曾敲诈杜10万块钱,杜当即支付。张学良问杜,你怕王亚樵么。杜笑答,我怕他干嘛。不是我向他低头,10万块钱算得了什么,给他10万就拉倒了,何必跟他找什么别扭呢。何况给完以后,他就听我的话了。

【编者注】:王亚樵,1887—1936,字九光,安徽合肥人。早年参加辛亥革命,四一二政变后坚决反蒋。曾策划多起政治暗杀活动,先后在庐山和上海北站刺杀宋子文;一二八事变后在上海虹口公园组织暗杀活动,日本海军大将白川义则当场被炸死,外相重光葵重伤；在上海组织暗杀国际调查团团长李顿未遂；在国民党四届六中全会上暗杀汪精卫，等等。有暗杀大王之称，1936年在香港被国民党军统特务暗杀。

袁世凯次子袁克文不仅加入青帮，当上了"老头子"，而且还尤其喜爱昆曲。其父死后，有一次，袁克文准备和陈德霖一起演出《游园惊梦》。袁世凯长子袁克定得知后，认为有辱门风，就请警察总监薛松坪派人去阻止。袁克文即派青帮弟子，把住戏院的前后门，不让警察进入。薛只好亲自去戏院劝阻。袁笑称：明天还有一场，唱完就不唱了。薛也无奈，只好任由他唱完。

左宗棠第一次进京面圣，住在善化会馆。一天晚上被盗，核查物件，除了一件黄马褂之外，其他值钱的东西分文不少。报案后，步兵统领答复道，黄马褂穿不能穿卖不能卖，贼偷它干嘛？肯定是您老人家在哪显摆来着，贼偷它主要是为了卖弄本事，不必抓捕，过两天就给您老送回来了。没过两天，左从外面回来，看到床上放着一个包袱，打开一看里面正是自己那件黄马褂。左宗棠咋舌不已。

杜月笙和黄金荣表面上虽然很客气，但两人暗中斗争却从未停止过。抗战胜利后,黄向交通银行董事长钱新之敲诈两亿元,钱怕在上海出事,便如数给了黄。杜当时是交通银行董事,和钱又异常要好,知道此事后大为不满,埋怨钱新之事前没有告诉他。没过多久,黄又出面写信向重庆商业银行要借四亿元,该行董事范绍增便去找杜,杜让范自己打一个电话给黄,当面问他,看他怎么好意思?范照他的办法,黄果然不承认是自己干的而推给他的手下,这笔钱才没有要去。

杜月笙捧人的手段很有一套,这为其成名有极大帮助,他捧人捧得不着痕迹,使被捧的人非常高兴。抗战胜利后四川发生水灾,四川省参议会议长向传义和何北衡去上海募捐,先找

20年代,《上海画报》上刊登的三大亨合影

市长吴国桢商量，吴推得干干净净。向等便去找杜，杜马上答应下来，并拍着胸口说："我们在四川吃了几年，今天四川有难，不帮忙还算什么人！"他没几天就把这件事办得颇有头绪。本来他可以把募得的钱交与向等就可以了，但他却借此机会去捧孔祥熙。他先向孔说明四川募捐吴国桢不帮忙的经过，并说他愿意代办，请孔出面就行。孔很高兴听他的安排，请吴国桢等人到家里吃饭。席间，孔照着杜告诉他的话说了一遍，加上几句四川是第二故乡，有难一定要尽力帮助后，便指着杜说："这件事我已经关照月笙马上去进行，一定要对得起四川同胞。"杜便站起来表示："既然院长这么关心这件事，月笙一定遵命尽力去办，也希望大家尽力协助我。"范绍增等几个知道内幕的人，看到他耍的这一套手法，使得孔眉开眼笑，莫不在背后举起大拇指说"月笙不愧大好老"。

霍元甲与英国大力士奥皮音的擂台赛，因为奥氏回国，最终未能实现。当时担任翻译的同盟会会员陈公哲回忆说：奥皮音初来中国，不懂得中国拳术的比赛方法，认为应该向西洋拳击那样，戴手套，只能攻击对方腰以上的部位，不许用脚踢等。霍元甲则坚持中国打擂台规则，手脚并用，不受任何限制，打死无怨。双方协商未能达成协议。

国民党统治时期,西康流行这样一句话:何必修仙论道,只要是袍(袍哥)、土(土匪)、国(国民党),外加耶稣教。

庚子年(1900年)以前,天津有一种流氓,叫做"混混儿",又叫"混星子"。他们憨不畏死,讲打讲闹,混一时是一时,自称是"耍人儿的"。混混儿原为反清的秘密组织,创始在清代初叶,据说是哥老会的支派,年深日久,逐渐忘却了根本。他们和官府作对,设赌包娼、欺行霸市、抄手拿佣,但遇有地方公益,也见义勇为,抑强扶弱,打抱不平。

张仁奎晚年在上海组织了仁社,与黄金荣的荣社,杜月笙的恒社鼎足而立。

【编者注】:张仁奎,1865—1944,山东藤县人。上海青帮大字辈头目,门徒众多,韩复渠、蒋鼎文等民国政要,均为其门生。早年任冯国璋部旅长。

上海解放前,黄金荣决定留在上海,他对人讲:我已经是快进棺材的人了,我一生在上海,尸骨不想抛在外乡,死在外地。

清末民初,东北镖局的镖车一旦与土匪队伍遭遇,必定先礼后兵,一边高喊"达摩老祖威武",一边向土匪行"里掰筋手礼"。达摩老祖被东北土匪尊为祖师爷。土匪因抱拳拱手礼有戴手铐之嫌,极为忌讳。彼此间见面行礼时,两手掌相向,两手出拇指外四指相勾,放在左腰前微微一蹲,称为"里掰筋手礼"。

孙美瑶部临城劫车时,在押解人质下车之前,专门要求所有乘客保存好车票,以便事后按照车厢等级缴纳赎金。并规定,三等车,每人2000元;二等车,每人1万元;头等车,每人2万元;洋人,每人5万元;丢失车票者,均按头等车计算。

【编者注】:孙美瑶,1898—1923,山东枣庄人。早年与其兄孙美珠占据抱犊崮山区落草。1923年5月6日,孙美瑶率部制造了轰动世界的临城劫车案。孙将车上中外旅客近百人掳走,向北洋政府索要赎金。因车上外国人很多,劫车案引起英、美、比、法、意等国政府的高度关注,在其施压下,最后事件以孙部被收编为山东新编第十一旅而告终。1923年年底,孙美瑶被北洋政府暗杀。

抗战期间,杜月笙在重庆得知杨虎丢在上海的一个小老婆与杨的徒弟有染,他认为这严重违犯了帮会规矩和江湖道义,与戴笠一同要杨设法干掉那个徒弟。但不知是何原因，杨并没有杀那个徒弟。杜对此事表示很不满意。

【编者注】：杨虎，1889—1966，字啸天，安徽宁国人。国民党将领，早年加入同盟会，曾参与四一二事变。

1932年，杜月笙创办"恒社"。名义上是社会团体，实际上是帮会组织，所有成员，均为杜的门徒。杜因此夸耀，自己有"八千子弟，患难相从"。该社除标榜一般帮会的道德信义等宗旨之外，特别提出"服务社会，效忠国家"。

青帮以师徒相传承，起初曾定过20个字的辈分"清净道德，文成佛法，仁论智慧，本来自信，元明兴礼"。到清末的时候，这20个字用完了，于是又增加了"大通悟觉"。所以到民国初年，帮会里辈分最高的是大字辈。黄金荣没有正式拜过师（在青帮里被称为空子），因此自然没有辈分。但是由于势力庞大，黄在青帮中却比其他几个大字辈的头子地位还高。有人问起他的辈分时，黄经常会开玩笑说：我是天字辈，比大字辈上面多一横。

杜月笙、戴笠、范绍增三人经常在一起打牌、赌钱。三人中戴的赌术最为高明，范绍增亲眼目睹戴的"绝技"：无论拿什么样的骰子，都可以随心所欲的掷出自己所要的点数来。

饶汉祥曾为杜月笙在上海华格皋路住宅大厅题写楹联道：春申门下三千士，小杜城南五尺天。

【编者注】：饶汉祥，1883—1927，字瑟僧，湖北广济人。民国政客，曾任黎元洪总统府秘书长。

太平洋战争爆发后，在香港的陶希圣一家出门逃难，路遇土匪，财物被洗劫一空。而后，土匪交给他们一张纸，上写"心胃气痛散"。称，再遇土匪，出示此字据，可免再次被劫，陶半信半疑。然而果不其然，此后凡有土匪拦截，陶递上纸条后，立刻放行，秋毫无犯。

陶希圣携带日汪密约只身逃至香港，请杜月笙帮忙救出滞留在上海的妻儿。杜立刻乘专机飞往重庆面见蒋介石。归途中，为躲避日军飞机拦截，杜所乘飞机一路升高，方得安全。但是高空中，氧气稀薄，杜哮喘发作，几乎窒息。下飞机后，经医生抢救，情况才有所好转，杜躺在病床上，立即着手安排营救陶之妻女。

1931年,青帮大字辈成员徐朗西出任上海中华艺专的校董兼校长,他计划开办一座图书馆以纪念其亡妻。杜月笙得知后,准备赞助500大洋,遭到婉拒。杜问原因,徐答:万一读者看书的时候,闻到书上的鸦片味道,让我怎么做人呢。

【编者注】:徐朗西,1884—1961,陕西三原人。早年加入同盟会。在青帮、洪帮地位均很高,与陈其美、蒋介石为换帖兄弟。参加二次革命、护国战争,后要求洪帮弟子支持北伐。1949年拒绝赴台。

黄金荣脸上有麻点,人送绰号"麻皮金荣"。

杜月笙年轻时练就一手削水果皮的绝活:边跟人说话,眼睛望着别处,眨眼功夫,就把水果削好,果皮薄厚均匀绝不折断。人送外号"水果阿笙"。

1923年,戴笠到上海谋生,结识杜月笙。经杜打通关节,由黄金荣推荐考入黄埔军校,从此开始了其一生的军旅生涯。此后,又得到杜的多次帮助,戴铭记在心,称杜"古道热肠",与自己是生死之交。

辛亥革命后，会党的局限性愈发明显。衡阳以南各属会党竟然得意洋洋的认为：焦（达峰）大哥做了都督，今天就是我们洪门的天下了。

【编者注】：焦达峰，1886—1911，字鞠荪，湖南浏阳人。辛亥烈士，哥老会成员，后加入同盟会。湖南宣布独立后，任湖南都督，不久被杀害。

吴玉章的大哥吴匡时在四川哥老会中地位较高，通过他的介绍，吴玉章加入了"袍哥"。

四川的哥老会，又称汉留，俗称袍哥，起源无从可考。大部分学者认为其源于明清之际，以反清复明为宗旨的秘密组织天地会。据说，"汉留"得名于《三国演义》中关羽降曹后保留大哥刘备所赠旧袍的故事。而"袍哥"则出自《诗经》：岂曰无衣，与子同袍。

袍哥组织是从开山堂开始，后逐渐形成5个有高低之分的堂口：仁、义、礼、智、信。各堂口地位因成员社会地位的不同，而有很大区别。堂口内部，共有5个等级：头排（即舵把子）、三排

(也叫三哥)、五排(又叫五哥)、六排、十排(俗称老幺)。据说,排行中缺二、四、七、八、九排,有其特定原因。关羽因忠义,历来为江湖人士所景仰,在桃园结义中排行第二,为表尊敬,不设二排。赵云为桃园结义四弟,四排也空缺。罗成在瓦岗寨中排行第七,因为背弃当初义气而为后人所不齿。杨家将中有八姐九妹,都是女性,江湖人忌讳。

40年代上演的话剧《草莽英雄》,是阳翰笙以辛亥革命保路运动中,四川袍哥大爷罗鲜青率众起义为背景创作的。这是袍哥故事

大汉四川军政府成立时期的军警

首次搬上舞台。据学者徐志福回忆，75年后，谈起当年亲眼目睹袍哥慷慨赴死场景的耄耋老人阳翰笙，仍然激动不已。

辛亥革命后，成都大汉军政府都督尹昌衡，在军政府门口挂出袍哥山堂大汉公的牌子，自任龙头大爷总舵把子。滇、黔、湘三省军政府通电，斥其为"哥老政府"，拒绝承认。

称谓·诨号

晚清满洲贵族中有三人号称"旗下三才子",分别是:大荣(荣庆)、小那(那桐)、端老四(端方)。

戊戌变法时,杨锐、林旭、刘光第、谭嗣同被称为军机四卿。百日维新失败后,谭嗣同、康广仁、林旭、杨深秀、杨锐、刘光第六人,惨遭杀害,喋血菜市口,史称"戊戌六君子"。

同光年间,京官中翁同龢的"挥翰临池"、张之洞的"博闻强记"、潘祖荫的"金石收藏"与李慈铭的"骈文诗词"并称四大家。

清末"三屠"：袁世凯"屠民"、岑春煊"屠官"、张之洞"屠财"。

虞洽卿之父去世较早，由其母独立抚养成人。因家贫，虞洽卿15岁就到上海学徒。临行前，母亲给他做了一双新鞋。虞到上海时，适逢天降大雨，因心疼新鞋，虞就赤着脚走进店门。后来发了财，人送虞外号"赤脚财神"。

段祺瑞号称"六不总理"：不抽、不喝、不嫖、不赌、不贪、不占。

北洋第二十镇第一任统制陈宧、第六镇统制吴禄贞、第二混成协协统蓝天蔚，都是湖北人，又都曾率军驻防东北，因此号称关外"湖北三杰"。

王士祯、段祺瑞、冯国璋号称北洋三杰，有人也以龙、虎、狗来形容他们，即王龙、段虎、冯狗。

民国元年，蓝公武、张君劢、黄远生共同创办《少年中国周刊》。因见解独到、文风犀利，时人称他们为"新中国三少年"。

黄远生被誉为"中国第一个现代意义上的记者",他与丁佛言、刘少少并称中国"新闻界三杰"。

谭延闿八面玲珑,左右逢源,向有民国"文甘草"之称。又因为迂腐昏聩,被人称为"写一笔严嵩之字,作一世冯道之官",人称"活冯道"。

所谓北洋派,是指袁世凯北洋大臣任内在天津小站所练的新军,既不包括北方的全部新军,也不包括南方的军队。后来凡是依

正在演习中的北洋军

附袁的军队,都称为北洋派,甚至南方某些杂牌军也列入其中。因此,北洋派与非北洋派的界线也就逐渐混淆不清了。

日本士官生三杰,分别是:蒋百里、张孝准、蔡锷。

袁世凯称帝时,封徐世昌、李经羲、张謇、赵尔巽为嵩山四友,还特为四人规定了五项优待办法:一、免其跪拜称臣;二、赏赐四人朝舆,到内宫换成肩舆;三、皇帝临朝时,赐坐;四、每人给岁费2万元;五、赏穿特种朝服。

据说,段祺瑞盛怒之下,鼻子会被气得向左歪斜。因此有人私下里给他起了一个绰号:"段歪鼻"。

近代桃源三杰为"宋教仁、覃振、胡瑛"。

1920年,上海实业家穆藕初斥资5万元设立奖学金,资助"有能力、有学识、有领导才干"的北大学生赴欧美留学,罗家伦、周炳琳、段锡朋、康白情、汪敬熙等五人被选中。这件事在社会上影响很大,清朝末年有五大臣出洋考察宪政,人们说这是北大的"五大臣出洋"。

卢沟桥事变爆发后，北大、清华与南开组成长沙临时大学。蒋梦麟一方面组织师生南下，一方面嘱托不便南下的周作人、孟森、冯祖荀、马裕藻留下来照料北大，这四人被称为"留平四教授"。谙熟中国历史的周作人曾托人给蒋梦麟带话："请勿视留北诸人为李陵，却当作苏武看为宜。"抗战胜利后，周作人因汉奸罪入狱，曾希望蒋梦麟出庭作证。蒋也有此打算，但是终因种种原因未能实现。

杨永泰、熊式辉、张群被称为新政学系的三巨头。

卢永祥字子嘉，王占元字子春，吴佩孚字子玉，张怀芝字子志，周自齐字子廙，都为山东籍军人，而且他们的字里面都有一个"子"字，因此时人称呼他们时，有山东五子之说。

赵凤昌在张之洞幕府中多年，对于湖北新政多有贡献，时人有"湖广总督张之洞，一品夫人赵凤昌"之说。辛亥革命爆发后，南北和谈期间，赵发挥了极大作用，有"民国产婆"美誉。

1915年8月，杨度串联孙毓筠、李燮和、胡瑛、刘师培及严复，联名发起成立"筹安会"，支持袁世凯复辟帝制。史称"筹安六君子"。朱启钤、段芝贵、周自齐、梁士诒、张镇芳、雷震春、袁乃宽等所谓"七凶",合起来称为"十三太保"。

直系军阀江苏督军冯国璋、江西督军李纯、湖北督军王占元结成联盟,号称"长江三督"。后因冯代理总统,李纯调任江苏督军,陈光远接任江西督军,与王占元仍称"长江三督"。

粤军副总指挥洪兆麟原来在湖南老家时,以贩卖包子为生,因此人送外号"洪包子"。后来到惠州投军,从士兵一步步做到统领。

张作霖出身东北绿林,东北方言称啸聚山林的土匪为胡子。张勋在清亡之后,一直蓄着大辫子,以示不忘旧主。所以他们分别有"胡帅""辫帅"之称。

直系曹锟手下的政客,在天津的称为津派,在保定的称为保派。两派矛盾极大。

辛亥元勋赵声,字伯先,江苏镇江人。长得身材魁伟,长面竖眉,声音洪亮,眉宇间有一股威严之相,人称"活关公"。不仅广东黄埔陆军小学的师生对其极为推崇,更受到广州新军的崇拜。当时广州军人在各种场合,都会异口同声的谈到赵声,开口"赵伯先",闭口"赵伯先",甚至有人直呼其为"我们的赵伯先"。

北京大学教授马裕藻是浙江鄞县人，本名马巽，其弟马衡、马鉴、马准、马廉均为著名学者，人称鄞县五马。

沈尹默、沈兼士、沈士远兄弟三人同在北大任教，有北大三沈之称。

庚子五大臣，又称庚子五忠。庚子事变时，徐用仪、立山、联元、许景澄、袁昶主张严惩义和团，与八国联军议和，被清政府处以极刑。

轶闻

一日咸丰很早就出门了,路上想换轿乘马,就用满语吩咐御前侍卫大臣克勤郡王说,要骑"托拉马"(即"红沙马")。克王没听懂,"銮舆卫"负责随轿执灯(当时叫做"打轿眼灯子")工作的肃顺听懂了,赶紧告诉克王。咸丰当场就问了肃顺的名字,并问他满汉文字,都对答如流。咸丰到了地方后,立即任命肃顺为御前侍卫,此后青云直上,一直做到御前大臣。

【编者注】肃顺,1816—1861,字雨亭,满州镶蓝旗人,爱新觉罗氏。同治朝顾命八大臣之一。辛酉政变中被杀。

1913年，吴佩孚积极跟随曹锟镇压"二次革命"。曹锟因功升任长江上游警备司令，吴佩孚升任师部副官长，驻防岳州（今湖南岳阳）。时袁世凯的心腹爱将汤芗铭以海军中将都督湖南。一日，汤芗铭在长沙举行全湘名流会议，请师长曹锟致词，但曹锟不善辞令，吴佩孚主动请缨。吴佩孚从汤芗铭督湘有方，受到万民敬仰说到湖南人杰地灵而湖南诸将胸有韬略。这番颇富煽情之言打动了在座诸人，尤其是汤芗铭听得连连称赞，认为吴佩孚确是军中奇才，可惜官阶太低，会后便以湖南省督军府的名义向曹锟发来公函："……兹借调贵部吴佩孚来敝省主巡警旅军政。如贵部认为必须交换条件，敝省一定酌情满足之……"曹锟想一个堂堂的都督仅见吴佩孚一面，竟然要将其借走，而且还要升为旅长，想必吴佩孚一定有其独到之处，楚材晋用，不如楚弓楚得。于是回函："本部已提升吴佩孚为第六旅旅长，掌管兵权，如何外借？"得到曹锟的器重，吴佩孚深怀感激，誓死追随曹锟一生，成为曹锟的心腹。

珍珠港事件爆发后，翁文灏请求国民党政府拨款7000万元在重庆建设一座新的炼钢厂，以提高钢产量。遭到兵工署长俞大维的反对，俞认为，重庆的原料、燃料、技术工人都非常有限，增加新钢厂只不过是转移现有工厂的人力和原料而已。后此事提交国民党行政院讨论，孔祥熙为了调处两人的争执，先表扬翁忠于职守，然后表示不偏袒任何一方，决定拨给翁4000万。事实上，7000万元还有可能成功运作一座新的炼钢厂，4000万只能是白白浪费掉。

谭延闿主持国民政府行政院会议时，经常闭目养神，对讨论的问题从来不置可否。他抱定"三不主义"，一不负责，二不建言，三不得罪人。

1909年11月，湖广总督陈夔龙调任直隶总督兼北洋大臣。提出三不主义：不联络新学家，不敷衍留学生，不延纳假名士。

清末的达官贵人都喜欢把玉缀在便帽上作为装饰。李鸿章帽子上的那块玉是恭亲王奕訢所赠，价值过万。李莲英特别喜欢，向李索取。李鸿章回答道：我已经这把年纪了，一块玉算得了什么，可这个物件是老友所赠，老朽已经戴了30年啦，不好轻易送人。于是派人到琉璃厂花5000两白银另买了一块好玉送给李莲英才算作罢。

曾国藩习惯于每天黎明和幕僚一起吃饭。李鸿章入曾幕后，因不习惯，便以头疼为由拒绝出席。曾得知后，连续几次派人来催称，曾一定要等所有幕僚到齐才肯开饭。李不得已，硬着头皮去了。曾始终不语只顾低头吃饭。吃完，把筷子一放，曾国藩对李鸿章正色道：少荃（编者：李鸿章字）既入我幕，我有言相告。此处所尚，惟一诚字而已。言罢，转身而去。李鸿章为之悚然，此后再也不敢迟到。

张之洞之兄张之万久历军机，耄耋之年时，"神气无殊少年"。恭亲王奕訢问张是如何保养的。张答，没有什么特殊的地方，只是不操心而已。奕訢听罢，说道：位至军机，而能不操心，真是太难得了。

两广总督耆英生活奢侈无度。每次闻鼻烟，动不动就往手上倒一把，抹在鼻子里，撒得到处都是。有个侍从，看到上等鼻烟被如此浪费，非常心疼，便趁没人的时候捡起来收存好。后来，他把存的这些鼻烟拿出去卖，居然卖了几百两银子。

清末，北京的交通工具主要是大车，大路都是石板路，胡同里则全是坎坷不平的土路，大车颠簸，动不动就会把乘客抛起来撞到车顶。陈叔通赴京应"秋闱"，第一天头上就被颠出几个大包来。一位同乡的京官见了，笑对陈说道：在京城坐车，有个四字诀，"虚与委蛇"，要善于随波逐流，因势利导，如果紧张、矜持，就非被撞得东倒西歪、头破血流不可。多年后，陈曾风趣地对人讲：以后我深味这四字诀，果然在滚滚征尘中，不再碰壁了。

【编者注】：陈叔通，1876—1966，浙江杭州人。清末翰林。民国后，任第一届国会众议院议员，参加讨袁斗争。1949年出席新政协。

1924年，张群任开封市警察厅长时曾与冯若飞闲谈称，此后有5万元足矣，即有5万元的存款定期取利息则可以满足一家人的生活所需了。1930年，张出任上海市长，殷汝骊对冯说：现在他有好几个5万元了。

张作霖升任巡防军统领驻防新民屯后，到奉天"谢委"。总督府左参赞周树谟接见他时，问道：你以前为什么愿意受抚。张直截了当的回答：回禀大人，我想升官发财。

1907年，学务大臣就留日学生现状向清政府做了汇报：在日本留学人数过万，60%进入速成班学习，30%按正规学制学习，中途退学辗转无成者占到50~60%，进入高等或高等专科学校者大概在3~4%左右，真正进入大学学习的仅占1%。

黎元洪担心子女在外面上沾染不良习气,便在家中设馆,请华凤阁教古汉语,孙启廉教英语,南开中学老师教数理化。四年后,与张伯苓商议,发给南开中学的文凭。

巴黎和会签字当天,中国代表因山东问题未得到解决,拒绝出席会议。有美国友人得知缘由后,大呼:今日之中国真中国也。

吴佩孚、张宗昌在北京见面时,张向吴递了一份门生帖子,吴不但退回,而且换了一份兰谱送给张,二人遂成为结义兄弟。张作霖得知后,深为不快。

武汉失守后,曹锟为了稳定直系内部,亲自赶到郑州为吴佩孚和众将领打气儿。曹对吴说:你虽然善于将兵,但是不善于将将。身为主帅,最忌醉酒使性。你对众将动辄怒骂使其难堪,如何责备他们不听命令?你不许他们发表意见,岂不是蒙蔽自己的耳目吗?而后,曹又对众将领说:子玉虽然脾气不好,但是心地很好。军人不服从命令,没有一个有好下场的。现在是我们(直系)的生死关头,你们必须同心协力协助子玉才对。

北伐即将结束,汪精卫回国后,向新闻界题词"革命的向左来，不革命的滚出去"。

张作霖行动向来神秘。唯独1927年6月出关前夕，一反常态，行程时刻一律公开，起身时竟然下令不必戒严。夜间上车，送行的人很少。日本顾问町野武马（长期担任张的顾问，忠于张氏，反对日本少壮派侵华政策），反复叮嘱张，一定要在白天到达奉天（今沈阳），暗示之意非常明白。张作霖却不以为意。其专列到达奉天近郊皇姑屯时，天还没有亮，关东军预埋的炸弹即引爆。张当场被炸死。

1948年，国民党召开国民大会。于右任在会议期间手书"为万世开太平"条幅，赠给所有与会代表。

左宗棠攻克杭州后，曾给清廷上奏折谈及杭州劫后惨状：闻无事时城内外居民共有81万口，现除逃亡及死故外，陆续来归及残留余民，合计不过数万口，一片劫灰，伤心惨目。

1910年东北爆发鼠疫。清政府派外务部左丞施肇基为治疫大臣，筹备万国治疫会议，遍请外国专家来华商讨扑灭办法。会议结束后，施邀请各国专家游览北京名胜古迹。外务部还特设晚宴舞会招待。但是到会的中国女宾，除施肇基夫人等外，都不会跳舞，当时北京的名媛闺秀，会跳舞的总共不到十人。中国外务部召开舞会，这是第一次。

1909年9月4日，中国第一次留美资格考试在北京东四史家胡同举行。一共考15门课程，包括：中文、英文、代数、平面几何、法文、德文、拉丁文、立体几何、物理、美术、英国历史、三角、化学、罗马史、希腊史。参加考试的学生来自全国各地，一共有640名，仅47人通过考试，录取率为7%。

庚子之变，赵舒翘被赐死。赵穿戴朝服向北叩头领旨谢恩后，服鸦片不死，服鹤顶红不死，吞金不死。赵连饮数大杯汾酒不死。狱卒以黄蜡堵住了他的口鼻、以汾酒石灰喷厚草纸封其面，气尤未绝，不得已，几名狱卒用帛带将赵勒死。

袁世凯就职典礼结束后，出席者都步行从东华门或西华门退场，唯独熊希龄坐了一台二人肩舆。有议员看到后，问到：秉老（熊希龄字秉三），你在紫禁城乘肩舆，是钦赐的还是自备的呢。熊反问：你猜猜看。另一议员接过话茬道：我看是从清室借的。在场众人大笑。

一年夏天天气闷热，左宗棠解开衣服躺在床上，揉着肚子。

问身边的侍卫,你猜这肚子里装的是什么。侍卫答道:都是燕窝鱼翅。不对。那就是鸭子火腿。左宗棠坐了起来大笑道:这肚子里面装的是绝大经纶。侍卫半信半疑,下班后问周围的人,什么样的金轮能吃到肚子里去,还这么大。众人听后无不捧腹大笑。

军阀混战时期,守城风气盛行一时。其中尤以蒋世杰守信阳,傅作义守涿州,杨虎城守西安最为著名。即便城破,蒋、傅均得到敌方主帅吴佩孚、张作霖的礼遇优待。北伐时,直系武汉守将刘玉春,曾经亲身参与信阳之役,又加上吴佩孚鼓励打气儿,因此拒绝北伐军的谈判要求。结果一共守了41天,最终被攻破。

【编者注】:蒋世杰,1883—1928,字朗亭,陕西蒲城人。早年加入同盟会,参加过护国战争。1926年任国民二军师长期间,率部坚守信阳,抗击直系吴佩孚部重兵两月之久。

刚毅在刑部任职时,每逢看到下面报上来囚犯"瘐"毙的报告,一定要改为"瘦"字,然后大骂下属不识字。

【编者注】:刚毅,1837—1900,字子良,他他拉氏,满州镶黄旗人。清代大臣，反对戊戌变法，后极端排外，主张借助义和团对抗列强。庚子西狩途中，病死。

同治年间，讨论外国公使觐见礼仪时，双方发生争执，总理衙门大臣文祥把茶杯都摔了。开始，公使不仅要佩刀还要多带从人，文祥都不允许。到觐见那天，各国公使果然多带了很多从人，文祥没办法，只好命令公使每过一道门就截下数名从人，这样等见到皇帝，公使身边只剩下翻译了。

【编者注】：文祥，1818—1876，字博川，瓜尔佳氏，满州正红旗人。洋务派领袖。曾任总理各国事务衙门大臣，主张推行洋务，对清末外交发挥了重要作用。

法国驻华公使施阿兰为人狡黠。一天李鸿章突然问他，你多大。年龄属个人隐私，公使虽然不太高兴，但又不能不回答。李鸿章听后，笑道：你跟我孙子一般大，我在巴黎的时候跟你爷爷聊了好几天。

甲午战败后，李鸿章赴日和谈。伊藤博文做一上联："内无相，外无将，不得已玉帛相将"相讥，请李对下联。李苦思无果，随从中有一人应对道："天难度，地难量，这才是帝王度量"。李鸿章听后，长叹一声。

黎元洪下野后虽然不再过问政事，但是对国庆节非常重视，常说，我作为民国的一个平民也应该庆祝。每逢国庆，便会命人准备焰火和露天电影，让百姓在其寓所与他共度国庆。

醇亲王奕譞治家格言：财也大，产也大，后来儿孙祸也大。借问此理是若何？子孙钱多胆也大，天样大事都不怕，不丧身家不肯罢。财也少，产也少，后来子孙祸也少。若问此理是若何？子孙钱少胆也小，些微产业知自保，俭使俭用也过了。

林则徐的父亲撰联道：粗衣淡饭好些茶，这个福老夫享了；齐家治国平天下，此等事儿曹任之。

曾国藩的父亲撰联道：有诗书，有田园，家风半耕半读，但以箕裘承祖泽；无官守，无言责，时事不闻不问，只将艰巨付儿曹。

李鸿章生活极为规律。无论冬夏，每天五点钟一定起床。而后取出家中收藏的兰亭集序宋代拓片，临摹100字。每天午饭后，午休一小时。

慈禧对康有为梁启超二人深恶痛绝。清末，开设经济特科，梁士诒高中第一名。但有人奏称梁的名字是梁头康尾（编者：康有为字祖诒），慈禧竟然为此将梁刷掉。

珍妃与其哥哥，串通奏事处、景仁宫等处太监，卖官鬻爵。后被慈禧发现，将珍妃降为贵人，交皇后严加管束。幽禁在宫内西二长街百子门内牢院，命太监总管首领看管，从此与光绪隔绝。此时为甲午年（1894年）十月，距离戊戌（1898年）尚有四年。

胡雪岩妻妾极多，名字很难记住，他就让人把妻妾的名字都刻在象牙牌子上，每晚由侍女端上一个银盘，胡随手挑出一个牌子，侍女就按照象牙牌子上的名字，安排侍寝。

同治皇帝经常微服出宫，有次到琉璃厂买宣纸，没带银子，要用随身携带的金瓜子付账。伙计不同意，同治要伙计跟自己一起回家取银子，到了午门还要往里走，伙计吓得转头就跑。第二天，就有两个小太监如数把银子送到店里。

光绪末年，派朝廷大员赴欧美考察政治。端方带回一台电影放映机,准备献给帝后娱乐。先在家里试映,结果因为镁粉没有配合,播放中突然爆炸,伤了不少人。端方正好去送客人,得以幸免。

泰戈尔曾进行过多年的农村复兴计划试验。来华访问期间,曾赴太原寻求阎锡山的支持。阎锡山亲口答应把晋祠一带地方划给泰戈尔做试验基地。

民国政坛存在一陋规,新总统上任,照例会有财政部拨款150万元,由部长亲自交给总统,作为零用。总统留100万,其余的分给各部长。徐世昌到任伊始,曹汝霖就将款项送来。徐竟全部留下。各部部长都不好意思要。五四时,曹汝霖家被捣毁,张志谭乘机提到此事,劝徐分给曹一部分,算是对他的一点安慰。徐最后只给了曹8万元。

【编者注】:张志谭,1878—1946,河北丰润人。曾任北洋内务部次长、交通部长等职。

1942年,汪精卫率伪政府官员赴长春祝贺伪"满洲国""国庆"十周年。有好事者专门为此事制作了一条谜语。谜面是"汪精卫见溥仪",打一电影名字。谜底为《木偶奇遇记》。

辛亥革命后，紫禁城里安装了电话。溥仪年少好奇，从电话本上翻到了京剧名角杨小楼家的号码，就打了过去，并学着京剧里的道白腔调念道：来者可是杨——小——楼——呵？对方哈哈大笑的问道：您是谁啊？没等杨小楼说完，溥仪就挂了电话。

孔祥熙的曾祖父因和同乡孟秀才争夺拔贡失败，咯血而死。病重立下遗嘱：不许子孙再进场赴考。此后，孔家虽弃学经商，但仍然非常注重子女教育，只是不再赴考。

抗战胜利后，南京一家报纸刊登了"国府要人财产比较表"，排在第一位的是宋子文，第二位是何应钦。何大呼冤枉。

三青团成立时，原拟称蒋介石为"领袖"。蒋上台讲话之前，陈布雷给蒋写了一个条子，"在家称家长，在团称团长无不当也"，指出"领袖"不好，蒋看了条子之后，在大会上指示，以后确定称蒋为三青团团长。

1925年3月12日，棉湖之役中，林虎部一度包围蒋介石指挥部，情况万分危急，蒋对何应钦说：你必须设法坚持，挽回颓势，否则什么都完了。何挺身率队冲锋，终于转败为胜，奠定了第一次东征的胜利基础。后来，蒋将这一天作为他与何同生死、共患难的纪念日。

国民党元老戴季陶书房正桌上，常年供奉观音菩萨像、孙中山先生像、戴母的像。让人看了感觉莫名其妙。

抗战胜利后，戴笠负责逮捕汉奸的工作。凡是被军统逮捕的人，一般人很难讲情，杜月笙因为与戴笠的特殊关系，却可以去保释。杜也很谨慎，只是找那些案情不是很重、任伪职不太显要，但是搜刮很多的，才肯去。而且，杜从不当着其他人的面向戴笠说人情，也几乎不用电话和戴笠说这些事情。接到汉奸家属送来的钱财后，杜都是先通过戴的手下与戴联系。

九一八事变后，为了欢迎国联李顿调查团，国民政府把全国铁路部门所有的花车都集中起来，整修消毒。唯恐调查团发现臭虫，因为卫生问题，而作出对中国不利的结论。

1905年，清末五大臣出洋考察宪政回来，写了一份考察报告《东西各国宪政之比较》。该报告是五大臣随员熊希龄推荐杨度写的。熊专程到东京对杨说：五大臣做你的躯壳，你却替他们装进一道灵魂。他们在轮船上看海鸥，在外国看跑马和赛狗的时候，就是执笔行文的时候，必须在他们回国之前交卷。杨接受这个任务之后，又转而求教于精通宪政的梁启超。1906年，清政府召开御前会议，同意了五大臣提交的事实上由"乱臣贼子"、流亡日本的梁启超捉笔的报告，决定"预备立宪"。

袁世凯平时很少有笑容，即使偶尔一笑也是转瞬即逝。但他也很少生气，满脸怒容的情况少之又少。除了管教儿子有时会用皮鞭棍棒责打外，对于男女佣人自己则从来没有责打过。佣人做错了事，袁也就是骂一句"混蛋"，即便气急了，也就是加一句"混蛋加三极"也就罢了。

1942年是《南京条约》签订100周年，蒋廷黻发表了一次演讲，演讲词用中英文在重庆发表。孙科在国民党中央的一次会上引用了蒋演讲的内容，并表示同意其看法。孙科的政敌攻击蒋是英帝国主义者的辩护人。最后，这事竟闹到了蒋介石哪里。蒋介石认为学者的演讲和写作应该自由，党方不应该过问蒋廷黻的文章。

有次曹锟在保定检阅部队时，发现有个士兵哽咽着在哭泣。曹问他怎么回事。士兵答：刚接到家信，父亲去世，自己远在军旅，无法回家奔丧。曹听后，说：别哭了，给你50块大洋，回家安葬你父亲，尽完孝道再回来当兵。

据说，许世英是当时全世界服用安眠药的三个"大王"之一。他不仅服用高效安眠药，而且几种药同时服用才能入睡。据医生说，一个普通人，只要服用他服药量的二十分之一，就会中毒致死。

蒋介石曾规定，国民党中央开会六十岁以上的坐在第一排。张学良当时二十几岁，只能坐在最后一排。张曾做打油诗，描写当时开会情景：少活三十年，坐在下三排，没前我不怕，屁味实难闻。

1936年以前，国民政府驻法国使馆的房子还是前清时租的。楼下是使馆，楼上是公寓。有时候房客不知道楼下是使馆，对使馆的工作人员呼来喝去。街道还特别狭窄，每逢递交国书的时候，法国总统府派来的礼车根本就到不了使馆大门口，只能停在街道口外面。直到1936年孔祥熙参加英王加冕典礼，经过巴黎时，才在凯旋门附近购买了一所新房子，这还是顾维钧活动的结果。

到1929年上海大革命的影响还在,工人和革命力量还很强大。穆欣所著《陈赓传》记载:当时顾顺章可以临时调动许多枪支,机枪也可调来;可以公开找洋行买枪,可以请洋行运枪械来;可从运粮车上放置机枪,能够随便开到一个地方开火。

家世·姻亲

梁启超有个弟子叫蒋百里,是浙江杭州海宁硖石镇人。这个镇上还有一家大户人家姓徐,徐家的少爷大大有名,叫做徐志摩。蒋百里是徐的姑父的族弟。因此,徐志摩叫蒋百里叔叔。蒋百里有5个女儿,3女儿蒋英嫁给了中国原子弹之父钱学森。1910年,徐志摩经表叔沈钧儒介绍,到杭州一中读书,来学校视察的张嘉璈被徐的文采所打动,主动托人向徐家求亲,将自己的妹妹张幼仪许配给徐志摩。张家的大哥叫做张君劢。张君劢与梁启超是亦师亦友的关系,经其介绍,徐志摩成为梁的入室弟子。梁启超建议这个弟子到外面闯荡几年增加些历练,于是徐志摩出洋留学,在伦敦结识了北洋政府司法总长林长民。林长民有个堂兄弟,叫做林觉民,牺牲在

1920年代,林长民父女在伦敦。

了黄花岗。林长民的女儿林徽因与徐志摩就此相识。两人之间的感情纠葛,也就从此开始了。

九一八事变后,马君武赋诗讽刺张学良沉溺于温柔乡中,致国仇家恨于不顾。其中有"赵四风流朱五狂"一句,赵四即张的夫人赵一荻,朱五是指朱启钤的五女儿朱湄筠。朱启钤一度代理过北洋国务总理,其姨夫是清末军机大臣瞿鸿機,朱的次女朱淇筠嫁给了章以吴,有子章文晋;朱湄筠嫁给了张学良的秘书朱光沐,六女朱洛筠嫁给了张学良的弟弟张学铭。

曾国藩的次子曾纪鸿的女儿曾广珊，嫁给了湖南人俞明颐。俞的大哥明震有一子叫俞大纯，其子叫俞启威（黄敬）。姐姐明诗，嫁给了陈宝箴之子、有"中国最后一位传统诗人"之称的陈三立，他们的儿子是"五百年才出一个"、"教授之教授"陈寅恪。曾广珊为夫家生育了14个儿女。长子俞大维，娶了自己的表姐陈新午，其子俞扬和，娶了蒋家后人蒋孝章。四女俞大絪嫁给了曾国藩的弟弟曾国潢的曾孙曾昭伦，五女俞大綵嫁给了傅斯年。

国民党将领万耀煌家是湖北黄冈的大族。其家谱《万氏宗谱》

陈三立（前排右坐者）64寿辰与夫人俞明诗（前排左坐者）与家人合影。后排左二为陈新午，右三为陈寅恪。

1947年进行修订,内封是蒋介石的亲笔题词,首次修订序由康熙年间吏部侍郎仇兆鳌题写,五次修订序言题写者为林则徐,六次修订序言题写者为咸丰年间大学士孙家鼐,第七次修订序言作者分别为孙科和居正。

袁世凯的女儿袁伯祯,嫁给了张人骏的儿子。张人骏的叔叔叫张佩纶。张佩纶的妻子叫李菊藕,她的父亲叫李鸿章。张佩纶有一子一女,儿子叫做张志沂,生了个女儿就是日后大名鼎鼎的张爱玲。

【编者注】张人骏,1846—1927,直隶丰润人。清末大臣,历任两江、两广总督等要职。

张佩纶

袁世凯有个儿子叫袁克珍,娶了淮系重要人物、曾任两广总督周馥的女儿。周馥有个儿子叫周学熙,担任过北洋政府的财政总长,是继盛宣怀之后最大的官商,与张謇合称中国近代工业史上的南张北周。他有个侄子叫周叔弢。周叔弢有个儿子叫周一良,是新中国史学大家。

沈从文的夫人张兆和是合肥人,其祖父叫张树声是李鸿章爱将,官至两广总督。兆和在家中行三,大姐元和嫁给了顾传玠,二

张氏三姐妹与其夫君合影。前左一为元和,前右一为顾传玠,后排左起分别是张允和、周有光、沈从文、张兆和

姐允和嫁给了周有光，四妹充和嫁给了傅汉思（编者：德裔美籍汉学家）。

宋教仁一案的主谋洪述祖，出身书香世家，其先祖为清乾嘉年间著名学者洪亮吉。洪述祖极有文采，隆裕太后退位诏书，即出自其手笔。民国三年（1914年），洪在北京被处以绞刑，成为中国第一个受绞刑的人。其子，就是大名鼎鼎的戏剧家洪深。

孙传芳的姐姐被北洋旧将王英楷收作小老婆。孙经王推荐成为一名学兵，后又赴日本士官学校学习。学成回国后，在王的介绍

王英楷（中坐者）与淮军将领合影

下，孙到王占元部任教练官，从此正式开始了其军旅生涯。

两江总督陶澍对左宗棠颇为赏识。身为封疆大吏的陶专门代子向左女求婚。左宗棠以二人地位悬殊为由敬辞。陶言道：君他日功名，必在老夫之上。吾老而子幼，不及睹其成立。陶连儿子带自己的家事都托付给左。陶澍死后，左将其子视为己出。

钱穆说，自己在集美、无锡、苏州三处学校先后任教8年，同事近百，"最敬事者，首推子泉。生平相交，治学之勤，待人之厚，亦首推子泉"。子泉，就是近代著名国学家钱基博，与钱穆同族，是其族叔。钱基博有一个儿子，便是赫赫有名的钱锺书。钱锺书的夫人叫杨绛，杨绛有个三姑，就是鲁迅在《记念刘和珍君》等一系列关于女师大风潮的文章中提到的国立北京女子师范大学校长杨荫榆。

赵凤昌原配夫人洪元，有一弟叫做洪述祖。赵共有一子二女，其女赵志道嫁给了杨杏佛。

朱自清夫人陈竹隐艺术天分极高，曾师从齐白石学画，寿石学书法，溥侗学昆曲。

刘镇华围攻西安失败后，退回河南。在任芝铭的劝说下，通过张钫投入冯玉祥部。任芝铭是清末举人、老同盟会员。任膝下育有六个女儿，四、五两女早逝，大女儿任馥坤嫁给了中国最早期的华人矿长黄志烜，二女儿任锐（原名任纬坤）嫁给了革命者孙炳文，他们的女儿是有"红色公主"之称的孙维世，嫁给了著名导演金山。任锐去世时，《人民日报》第一版刊登了消息，周恩来亲自为她写了墓碑："任锐同志之墓"。三女儿任载坤，嫁给了大哲学家冯友兰。冯友兰在家里是大哥，有一个搞地质学的弟弟，叫冯景

1923年，冯友兰（后立者右一）与家人合影。中坐者左二为冯沅君，左一为冯缳兰，左三为冯母。后立者右二为任载坤，左一为冯景兰

兰，是"丹霞地貌"的命名者，还有一个当大学一级教授的妹妹叫冯沅君，嫁给了曾任山东大学副校长的著名学者陆侃如。冯友兰有个堂妹叫冯缵兰，嫁给了另一位哲学家张岱年，张岱年的大哥是中国共产党的主要创始人之一张申府。冯还有一个侄女叫冯钟芸，嫁给了又一位哲学大家任继愈。任家六女任均（原名任平坤）由其父亲自送到延安参加革命，有"延安梅兰芳"之称。

后记

　　已经回忆不起来，对历史的喜好始于何时。或许与幼时爱读小人儿书（连环画俗称小人儿书）有关。

　　70年代出生的人，应该都有与我相同的经历。那时，街边经常有小人儿书摊儿。摊主把连环画的封面撕下来、编好序号，贴在一张四开大的牛皮纸上，挂在墙上。孩子们通常会花很长的时间，在几十、上百个封面中，选一本自己最喜欢的小人儿书，然后交上1分5厘钱，坐在摊主提供的小板凳上，沉浸在光怪陆离的世界里。

　　不过这种时光亦是不常有的。

　　那时候的孩子，能有5分钱零花，已经是很阔气的了。摊主很狡黠,一本定价1分5,孩子要看一本得交2分钱。孩子也不傻,囊中羞涩之际,就会约一个伴儿来,俩人凑3分租两本交换着看。之所以不常有,是因为每当你有1分钱的时候,最要好的哥们儿未必有2分。

姥姥家镇里老街上的小人儿书摊,给我的童年留下了无限的美好。上小学以后,几乎每个周日都要去姥姥家,在那里,在疼爱我的姥姥身边,贪吃的肠胃和幼小的心灵可以得到双重满足:如果是夏天,午饭一定有浓重酱赤汪着油的烧茄子和鲜艳欲滴的西红柿炒鸡蛋,再平常不过的家常饭,经过亲爱的姥姥亲手炮制,是孩子眼中的饕餮盛宴;而后便流连在小人儿书摊上,消磨着那漫长得望不到边际的童年光阴。

小人儿书的题材大致有传统演义、革命战争等几大类。传统演义类包括,三国、水浒、西游、说岳、说唐等等,这是男孩子的最爱。周一上学了,在老师的粉笔声中,望着黑板发呆,幼小的心早已飞回古代。下课后,向同学吹嘘着小人儿书里现趸来的故事,刹那中,仿佛自己已幻化成顶盔贯甲、罩袍束带的古代将军。这样的幸福,可以延续一个礼拜。周日,一旦手里有了两三分钱,就又可以做一个礼拜的英雄梦了。对英雄人物的崇拜,对侠义忠信的向往,对历史的喜爱,就在这简单的循环往复中,悄然植根于心中。

后来,慢慢长大了;后来,疼我的姥姥去世了;再后来,上学、就业、成家。小镇、童年、小人儿书逐渐在记忆中模糊而遥远起来。但是对书籍和历史的喜爱，却始终没有改变。

独乐乐不如众乐乐。把自己读过的有意思的东西，讲给同好，彼此讨论、分享，我将其视为人生一大乐事。在此，特将近年来读到的东西，结集出版。希望有缘看到这本书的朋友，能和我一道体味阅读的乐趣。

这本小书能够问世，离不开众多朋友的关心和帮助。

首先要感谢著名出版人、中国华侨出版社社长方鸣先生，不吝赐墨，为本书题写书名，给这本小书增添了别样的情致与气韵。

其次要感谢赵光成先生、薛冰焰先生，为本书的配图和装帧设计所作出的努力。

最后要特别感谢中侨翰林出版中心的林伟萍先生、钟天贵先生以及本书的责任编辑高文喆女士，对本书出版所付出的辛苦劳动。

郭岭松
2013年6月2日
于昌平北七家